A Crash Course in
Molotov Cocktails

ARROWSMITH
PRESS

A Crash Course in Molotov Cocktails

POEMS BY

Halyna Kruk

TRANSLATED BY

Amelia M. Glaser & Yuliya Ilchuk

A Crash Course in Molotov Cocktails
Halyna Kruk

ISBN: 979-8-9863401-9-7

Boston — New York — San Francisco — Baghdad
San Juan — Kyiv — Istanbul — Santiago, Chile
Beijing — Paris — London — Cairo — Madrid
Milan — Melbourne — Jerusalem — Darfur

11 Chestnut St.
Medford, MA 02155

arrowsmithpress@gmail.com
www.arrowsmithpress.com

The fifty-first Arrowsmith book
was typeset & designed by Ezra Fox
for Askold Melnyczuk & Alex Johnson
in EB Garamond fonts

Cover art by Khrystyna Valko

these translations are dedicated to the people of Ukraine

CONTENTS

2021

2020

2019

2018

2017

None of this was about literature:
Halyna Kruk's Wartime Poetry

At a time and in a place where the language of post-truth has cost thousands of innocent lives, what is the role of poetry? Since Russia invaded Ukraine in 2014, and launched a full-scale assault in 2022, poets have become unofficial spokespeople for Ukraine's spirit of resistance, placing the country's long bid for self-determination in historical context and showcasing the music and rhythm of Ukrainian. Yet Halyna Kruk, a poet renowned for her play with words and the sound of language, warns that there are limits to the power of pure poetic form. "No metaphors work against an armed soldier," Kruk said in her opening address at the Berlin Poetry Festival in June 2022. "No poetry can save you from a tank that runs over your car as you are trying to take your kids away from the war." [1] The grinding brutality of Russia's war against Ukraine calls for a wartime ethics of literature that bends formal poetic genres.

Kruk has continued to write, even after Russia's February 2022 full-scale invasion of Ukraine, but her awareness of the limitations of language has led her to blend formal experimentation with a straightforward documentation of the everyday reality of a twenty-first century war. This cautionary "poetry against poetry," is as relevant to an international readership today as it is to a Ukrainian one. Literature only matters if it can help readers to empathize with those living through an unimaginable war.

---

[1] Halyna Kruk, "War is not a metaphor," translated by Christine Chraibi. Address at the Berlin Poetry Festival, June 18, 2022.
Translation published on Euromaidan Press, July 27, 2022.
https://euromaidanpress.com/2022/06/27/war-is-not-a-metaphor/

A poet, prose writer, and translator, Kruk is also a scholar of Medieval studies and a professor of literature at Lviv University. When we first encountered Kruk's work a few years ago, Yuliya Ilchuk and I were drawn to Kruk's merging of literature, history, and the present: "the poet's muscles are slack/like a millstone in '33," she writes in her 2020 "history of the turn of the century," comparing the resistance to writing to the stagnant grain production during the Ukrainian famine. Yuliya and I had begun working together to compile and translate poetry that engaged Ukraine's past, initially for our students. Halyna's poems also pushed us to think about the chasm and unexpected connections between Ukrainian and English. One poem from 2012 plays with the last letter of the Cyrillic alphabet, "ya" (я), which also is the first person "I". "i am я — last letter in the alphabet, without which there can be no me" (я — остання буква абетки, без якої мене не буде). The poem ends with a verbal connection between "I" (*ya*), "we" (*my*), and "pits" (*yamy*).

Kruk's very early poems often danced at the intersection of prayer and the secular world, of language and the body:

> poets don't have gender
> just undeveloped words bulging on the body
> like secondary sexual characteristics

By contrast, her poetry of war questions the abstractions of contemporary poetry and writers outside Ukraine whose words about war are disposable. A week after the full-scale invasion, she published a poem about a Russian protester's "no war" sign,

> which you'll toss in the nearest trash,
> on your way home from the protest, Russian poet,
>
> war kills with the hands of the indifferent
> and even the hands of idle sympathizers.

Poets have long defined Ukraine. The Ukrainian Romantic poet Taras Shevchenko who was exiled in 1847 for spreading ideas about Ukrainian independence, compared his epic "dumas" to the children of Ukraine.

So where are your dumas — your songs — your pink flowers,
These nurtured, brave, beloved children,
In whose care did you place them, my friend?
Did you bury them in your heart till the end?
Don't hide them, brother! Scatter them wide,
They'll sprout, and grow, and emerge with their people! [2]

Literature, as Ukrainians know well, can buoy a culture; it can also reinforce a violent regime. The Drama Theatre in Mariupol, which was bombed on March 16, 2022, killing up to six hundred civilians sheltering there, was later covered, by the city's Russian occupiers, with a scrim displaying portraits of Pushkin, Tolstoy, Gogol, and, paradoxically, Shevchenko. The image, which circulated widely on social media, was a visual reminder of the many points in history when the tsarist empire, and later the Soviet Union, had attempted to assimilate Ukrainian literature into an imperialist project, or to suppress it. The 1863 Valuev Circular and 1876 Ems Ukase forbade the publication of many Ukrainian-language texts. The Soviet regime, too, accepted Ukrainian culture only insofar as it could remain subservient to Russia. The Ukrainian modernists active in the 1920s have been called the "Executed Renaissance" — the majority of significant Ukrainian poets were murdered or arrested in the Stalinist 1930s. Even after Stalin's death in 1952, Ukrainian writers were viewed as "bourgeois nationalists," and were persecuted for writing Ukrainian-language literature about Ukrainian history. Vasyl Stus, a poet with a cult following in the 1960s and '70s, was arrested for "anti-Soviet activity." Stus died in a prison camp in Perm, Russia in 1985, and has remained a heroic guide for Ukrainian intellectuals. "Make your death speak," Kruk writes in a poem addressed to Stus. "Cover your death, like a pit, with words/so others won't fall in." The Kremlin, in its ongoing assault on Ukraine, continues to deny Ukraine's linguistic or cultural distinction from Russia. In July 2021, Vladimir Putin asserted that "people both in the western and eastern Russian lands spoke the same language. Their faith was Orthodox." [3]

———————————————————————

[2] Taras Shevchenko, "Dream: A Comedy," 1844. Translated, from the Ukrainian, by A. Glaser.
[3] Vladimir Putin, "On the Historical Unity of Russians and Ukrainians," Kremlin Website, July 12, 2021 (http://en.kremlin.ru/events/president/news/66181)

Halyna Kruk was born in 1974 in the western city of Lviv. Lviv has long been home to Ukrainian-language writers. In the late Soviet period, Lviv writers like Yury Vynnychuk and Oleh Lysheha, despite the risks, wrote texts that became virtually the only spaces to discuss the idea of an independent Ukraine. Kruk is part of a generation of remarkable poets who came of age with Ukraine's independence. Russia's February 24, 2022 full-scale invasion has drastically changed their work. The writer and punk musician Serhiy Zhadan has shifted from publishing poetry to sharing updates about the Kharkiv resistance on social media. The Lviv poet Ostap Slyvynsky stopped publishing new poetry in 2022, instead compiling a "dictionary of war" — a glossary of overheard anecdotes from those fleeing the occupied East. [4] Many native Russian-speakers, like the Kyiv-based Natalia Beltchenko and the Donetsk-born poet Iya Kiva, have shifted from writing in Russian to Ukrainian.

"My poems have changed since the outbreak of war," Kruk told me in a recent conversation. "If I once paid more attention to form and style, now my poems are almost entirely focused on content — they document the reality of war, literally, emotionally, and sensually, but they aren't especially focused on the poetic features of language." Kruk's recent work sometimes sounds prosaic, even journalistic:

> when you call from the war
> birds are chirping
> so the world still exists

Where Kruk does use metaphorical language in her recent work, it is often drawn from the war. War is "like bright arterial blood from an open wound;" war's nameless pain is "like subcutaneous horror, like a frozen cry, like one of us...". Elsewhere she calls to task the shallowness of western self-care. Elizabeth Gilbert's bestseller, *Eat Pray Love*, takes a grotesque wartime turn.

> eat away at yourself. pray in the names of the murdered.
> love the ones you can no longer touch or embrace.

---

[4] Ostap Slyvynsky, *Slovnik viiny* (Kharkiv: Vivat, 2022)

Kruk's poems of war are poems of witness. They convey the haste of writing fast, of writing while preoccupied with the safety of loved ones at the front, under occupation. Well-worn cliches become pointed placeholders for the unspeakable. Sisyphus rolls in with his stone. Some of her poems are raw descriptions of a new reality:

> with each passing day of war
> my emergency backpack
> has grown lighter
> first i removed the food,
> leaving only water

The reader may find allegorical value in the emergency backpack, but the images are straightforward, bold in their lack of metaphors. Some of her lines recall the spare lyricism of Szymborska and Milosz (both of whom she has translated from Polish). Words cannot and should not transcend the conditions of life at its most brutal, her poems imply. Her lines are intimately connected to the shelling, to the air raids, to survival. At times they document the war crimes being perpetrated in the invasion.

In May 2022, I met Kruk for a reading at Harvard University. She admitted to me that, passing buildings, even in Boston, she would search for the entrance to a bomb shelter. The slightest sound would send her looking around. What kind of poetry does this state of mind create? Surely not poetry that rises above military conflict. But maybe it creates something more essential to the moment, prompting us to think about what matters most: human safety, the importance of discerning fact from obfuscation, the imperative of ending an autocratic war.

> i felt so shattered,
> i feared i'd pierce the plane's fuselage,
> the hotel's interior was so intricately designed,
> the interlocutors' bodies so beautiful

The irreconcilability between the physical beauty of countries not at war and the reality in contemporary Ukraine is shattering. This stark difference is also an uncomfortable truth that supporters of Ukraine must try and feel.

War broke out in Donetsk and Luhansk in March 2014, and followed the "Revolution of Dignity" — or Euromaidan — which began in November, 2013 with mass frustration over the Ukrainian government's ties to Moscow when former president Viktor Yanukovych, under pressure from the Kremlin, refusal to sign a planned European Union association agreement facilitating trade with Europe. Over the next three months, hundreds of thousands of Ukrainians flocked to Independence Square (*Maidan nezalezhnosti*) in Kyiv and other cities across the country to protest. They formed tent communities, attended teach-ins, performed. The protest movement reached its tragic turning point on February 20, when snipers shot at the crowd, killing one hundred protesters at random and wounding many more. Yanukovych fled to Russia, and a provisional government took office in Kyiv, followed by a formal election later that spring. It was amid this political transition that unmarked Russian soldiers entered Crimea, annexing the peninsula following a hasty, unmonitored referendum. Soon after, war broke out between Ukraine and Russian-backed separatists in the East.

In a 2014 poem dedicated to the "heavenly hundred" murdered on Kyiv's Maidan in February, Kruk wrote,

> we act like children with our dead
> we place them together on the maidan and encircle them
> in the cold, in the snow, confused,
> as if none of us knew until now
> how easy it is to die

In hindsight, the mass shooting on Kyiv's Maidan was the beginning of the war. And the poems that commemorated the fallen were the first of many war poems commemorating the casualties of a conflict between democratic Ukraine and a violent form of post-Soviet imperialist authoritarianism. The folksong, "a duckling floats on the Tysyna..." became the hymn for the victims on the Maidan. Kruk ends another poem of 2014 with this song, "Only the duckling on the Tysyna... floats against the current... God, give it the strength to fight the current." But if the Maidan marked the beginning of Kremlin-aligned terror in Ukraine, it also fundamentally changed the consciousness of those who were there. "You suddenly began to understand that something depended on you as an individual, even if you think you're insignificantly small on the scale of society and the world," Halyna told me.

Some of Kruk's poems written before the 2013-14 Euromaidan now appear prophetic. Reading them reminds us of the duration of the conflict. Some describe the anxiety of those who came of age with the breakup of the Soviet Union, demonstrated for free and fair elections during the 2004 Orange Revolution when the pro-Western Viktor Yushchenko successfully ran against the Kremlin-supported Viktor Yanukovych, only to be defeated by Yanukovych in 2010. "i dream about a bomb shelter on memory's margins," begins a poem from 2013, "the last one standing from those grade school war drills."

> — there will never be another war — said the teacher,
> but children, turn out the lights:
> in the event of a nuclear blast

Kruk frequently evokes Ukraine's soil. The fertile chernozem that has made the country, to its great peril, a coveted "breadbasket" is believed to be the result of prehistoric mineral and anthracite deposits. In a poem of 2020 Kruk describes this soil as the deposit of the detritus of history.

> we stopped digging deep long ago
> in this, our-your uncertain field
> because all kinds of junk can turn up:
> human bones, horse heads, unexploded mines,
> a battle axe, a peg where the border was
> between our side and yours

But of course, to move forward, you have to dig up old junk. Maybe this is why poets keep writing, even as bombs fall, even as their words become mired in the prose of day-to-day survival. Part of the work of unearthing buried trauma is entering a discussion about the distinct historical tragedies that have taken place on Ukrainian soil. In 2022, Kruk posted the following short poem to her Facebook page:

the Holocaust could happen
because the Holodomor went unpunished
one unnoticed, unpunished
evil on a massive scale
led others to assume
they too would get away with everything

Over the past decade poets, artists, and filmmakers have increasingly addressed the Holocaust, considering its relationship to the mass starvation of millions of men, women and children in the Ukrainian famine of 1932-33. This is in part a response to the Kremlin, which has accused contemporary Ukrainians of fascism, citing their bid to move further from Moscow and closer to Europe, and recalling the historical animosity between some Ukrainians and Jews. However, whereas past generations have viewed Ukrainian identity as deeply connected to religion, language, and ethnic identity, Ukrainians of Kruk's generation have come to define their Ukrainian identity as citizens of Ukraine, regardless of ethnicity or creed.

Whereas the Kremlin has likened Ukraine's embrace of Europe to Nazism, Ukrainians have long made the case that, in fighting a war that the Kremlin insists is between Russia and NATO, they are defending Europe's border with Russia. In 2014, Kruk wrote about the irony of the international expressions of concern with little action to back them up:

Europe, we're all so deeply concerned, it's even killed some of us.
filter YouTube more often, so our local brutality won't shock your citizens.

European ambivalence has become a more frequent theme since the February 2022 invasion.

to see through the gaping hole
in a burned-out high-rise
as Europe's distant sun sets
i'll have to rethink literary history
before i teach it to my students

To translate Kruk's war poetry is to rethink literary history. It is also to learn, with the author, a new vocabulary, one wedged between beauty and death. In a poem of 2022, she describes this process of relearning:

> you've learned plant names from missiles — "Peony 2S7," "Tulip 2S,"
> "Hyacinth-S," "2S1 Carnation," deadly as a viper
> sound out the syllables where our ARTy fired
> on the enemy warehouses. rewrite it neatly later.

Kruk continues to play with language, but her word-play calls attention to the strange aesthetics of war language, where bombs are floral and "art" (ARTy in English) is an abbreviation for artillery. Language, for Halyna Kruk, is powerful precisely because of its slippages and multiple meanings. The floral vocabulary of self-propelled heavy mortar is only part of Kruk's chilling multi-layered language. War will irreparably change the generations affected by it.

> we'll emerge from this changed, we'll emerge with a wail,
> shrill-voiced sirens between Scylla and Charybdis

Kruk's training as a medievalist appears everywhere in her writing. Ancient signposts exalt Ukraine's struggle for independence to mythical proportions: the horrors of war evoke the monsters of Greek mythology, Scylla and Charybdis; exile in Western Europe is spent among sestertius coins. Kruk also credits her medievalist sensibilities for the constant motif of light in her work.

> while it's light, everything seems visible
> his mother sees him alive until it departs

"The so-called dark ages had their own understanding of light and it was often metaphysical. Light is what allows you to see something important, or understand something important," she told me, when I asked about her many images of light lasting, going out, illuminating her characters, even in works written before Russian strikes caused massive power outages in the fall of 2022. "Lately," she added, "when there's really very little electric light in our lives, it makes us appreciate natural light a lot, and we also see the advantages of dim candlelight, under which so much of human history actually took place. ...Fear of the dark forced people to develop."

The contextual world of Kruk's poems presents a challenge to the translators. In some cases, we've provided subtle clues to help the reader, in others we have left the puzzle for the reader to solve. Kruk's frequent slippages force us to choose between possible meanings, all too aware of Robert Frost's warning that poetry "is what gets lost in translation." But what may get lost is also often what draws a translator to a poet. Embedded in Ukrainian are multiple linguistic and cultural influences, including Polish, Russian, Slovak, and Yiddish, and Kruk's verse employ's the language's rich vocabulary and sonic complexity in a baroque play with sound. When I asked Kruk about her distinctive wordplay and phonetic slippages, she observed that she uses them less in her recent war poems, but credited a hearing impairment: "Since early childhood I've had holes in my eardrums, so all the sounds I hear are a bit scattered — my brain recognizes words by the complex combination of sounds. It's constantly choosing between similar words, and my adaptation to this disability gives me a lot of linguistic and creative material. Often, the similarity of the sounds of different words that have distant meanings allows you to create whole plots, to push them together."

In some cases, a word with multiple meanings demands pointed inconsistency in our translations. In the poem "resin," for instance, Kruk plays with two meanings of a single word "*zazhyvemo*," which can mean "to live well" or "to heal." We opted for both "revive" and "heal":

> someday the war will end
> and we'll all revive at last
> (oh how we'll revive!)
> we'll heal like wounds, we'll grow back

The word "resin" (*zhyvytsia*) is itself phonetically and etymologically related to "*zhyty*" (to live), "*zhyvyty*" (nourish), "*zazhyvaty*" (heal). Embedded in this interlaced cluster of sounds and meanings is the idea of renewal. Faith that something might grow back allows the poet to simultaneously mourn what is irreversible and propose the possibility of emerging intact from the violent war that has threatened Ukraine since 2014. This dream of renewal is sometimes allegorized in geology, sometimes in botany, sometimes in religion, and sometimes in linguistic morphology.

Certain poems depend so heavily on sound that translating them at all is an audacious act we could only undertake with the security of having the Ukrainian original en face. Such is, for example, a tightly rhymed poem that begins "mama - yama - ya" — literally "mama - pit - i." In Ukrainian grammatical structure, not only is the article nonexistent (making specificity ambiguous), but the hyphen can also stand in for the predicate. mama is a pit. I am the pit. The *yama* (pit) is a hybrid of two phonemes meaning "I" and "mama." From dust do we come, to dust do we return. In our translation, we have aimed to convey the form of this poem, giving some indication of its meaning without (we hope) overplaying our hand:

> mama - i'm a - pit
> where's my name?
> window frame

If Kruk's poems operated entirely within the realm of form, there would be little point in attempting translations, except for the — admittedly delightful — challenge of finding poetic counterparts in English. But her wordplay and images alike fall away to reveal fundamental truths. Sometimes these truths emerge in non-denominational prayers. Other times, they are represented in mathematical axioms. These are truths with a small "t" — the facts sought by investigative journalism and nuanced historical research, the societal norms shaped by honest election practices. They are, moreover, the truths that we all risk losing in a world where "alternative fact" too often bolsters tyranny. While poetry may play a role in documenting the ongoing war in Ukraine, Kruk reminds us, poetry as such cannot exonerate acts of violence. It cannot bring back those who have been killed by missiles. She states this clearly at the end of her 2022 poem, "bifurcation point":

> The main thing is not to forget that none of this was about literature.

Amelia Glaser, San Diego
December, 2022

вірші / POEMS

точка біфуркації

у Львові часів війни, – потім напишуть вони, –
було потужне літературне середовище,
напевно, вони щось видавали гуртом (як колись там «Митуса»)
або збирались на літературні читання (бо що ще робити під час війни
        поетам!)
стільки тут їх опинилося нараз:
внутрішньопереміщених і зовнішньонестабільних,
як колись ненадовго у першу і другу, проїздом у Європу,
перш ніж залізна завіса розітне похітливе оголене тіло модерного світу
так по-живому

хоч тоді більше йшлося про Прагу і Подєбради, Варшаву і Мюнхен,
але й цього разу теж говоритимуть про Варшаву та Львів,
Чернівці та Ужгород, Івано-Франківськ і Тернопіль,
де стільки було їх нараз, тих поетів, що здавалось,
на кожному кроці можна було втрапити одне до одного в вірш,
в тривожні сни, в історію, в новини, на одну підлогу зі спільним
        матрацом,
під одну перехідну клаптикову ковдру
(яка точна метафора людського співіснування часів війни,
але жаль, вже зужита!),
в одну родину, надщерблену і неповну...

і поясни комусь потім, що перші місяці ми перетинались лише
        випадково
винятково по справах на кілька хвилин, часом на вулиці, не відразу
        впізнавшись,

bifurcation point

in wartime Lviv, (they'll write later)
there was a strong literary milieu,
most likely, they published as a group (like those modernists in "Mytusa")
or gathered for readings (because what else would poets do in wartime!)
there were so many there:
the internally-displaced and the externally-dysfunctional
like briefly during the first world war, and the second, on their way
        through Europe,
before the iron curtain tore the modern world's voluptuous naked body
wide open

back then it was more about Prague and Podebrady, Warsaw and Munich,
but this time they'll talk about Warsaw and Lviv,
Chernivtsi and Uzhhorod, Ivano-Frankivsk and Ternopil,
where there were so many of those poets it seemed
you couldn't take a step without winding up in each other's poem,
in nightmares, in history, in the news, on the floor sharing a
        mattress,
under a single borrowed patchwork quilt
(what a perfect metaphor for human coexistence in wartime,
too bad it's worn out!),
for one family, fractured and incomplete...

then explain to someone how in those first months we only crossed paths
        accidentally
for a few minutes just on business, sometimes on the street, not
        acknowledging each other at first,

сахаючись, ніби згадавши про щось безповоротно втрачене і більше
        недоступне,
обіймаючись замість слів, щоб сховати набіглі сльози:
як ти – як ти – ні слова про літературу – тримайся – тримайся
мовчазні і зосереджені, як перші християни,
що побачили чуда Христові на власні очі і ще не знають,
як їх розуміти і як їх розказати іншим, щоб ті повірили і не кпили,
як нічого не перекрутити і не наплутати,
бо ніколи не ясно, які деталі найважливіші, а якими можна знехтувати

в кожній розповіді потім ми розходилися із тим, що з нами сталося,
як апостоли в різні кінці світу, проповідуючи кожен свою версію
        євангелія
бо всяка віра тримається на мільйонах особистих свідчень,
на безлічі приватних історій із тої точки реальності,
де ніхто нічого ще не знає і не розуміє,
що зробив той чоловік біля померлого Лазаря, і як йому це вдалося,
як усі це бачили, але не всі увірували відразу...
особливо якщо це віра у перемогу із точки, в якій її ще нітрохи не видно

так про це напишуть у відповідному розділі української літератури
        початку 20-х
основне не забути потім, що все це було зовсім не про літературу

startling, as if recalling something hopelessly lost and irretrievable
hugging instead of words to hide streaming tears:
– how are you – how are you (not a word about literature) – hang in there
                 – hang in there
silent and focused, like the first Christians
who witnessed Christ's miracles with their own eyes and had no idea
how to fathom it and how to make others believe and not mock them,
how not to twist or muddle things,
because it's never clear which are the important details and which can be
       disregarded

then in each account we omit the parts about ourselves,
like apostles on opposite ends of the world, each preaching our own
             version of the gospel
because any faith depends on a million eyewitness accounts,
on countless private stories from that point in reality,
where no one knows anything yet, or understands
what that man did beside the dead Lazarus, and how he did it,
how everyone saw, but not everyone immediately believed…
especially if this faith in victory comes from a point not yet visible

this is how they'll describe the early '20s in the relevant chapters on
             Ukrainian literature
the main thing is not to forget that none of this was about literature

наша стрічка новин

наша стрічка новин — галерея утрат
батько/мати, син/донька, сестра або брат
з принагідними фото з родинних застіль
із розкриленим поглядом, де не про біль,
не про смерть, а про довге щасливе життя,
а про свята, де вперто доросле дитя
не дається до знимки, кривляється, рже,
– не показуй нікому, ну мам, досить вже...
так коханим позують, зухвало і ніжно нараз
де ні страху розлуки, ні тіні образ,
де в глибинах очей каламуть від бажань
де сто тисяч цілунків, обіймів, зітхань,
де закроєно на..., розплановано до...
де чекають удвох чи дітей, чи Годо,
чи доставку ранкової піци, однак
не чекають, що світ обірветься отак
на півслові обіцянки "ще до зими",
"ще й не встигнеш зогледітись, ось уже й ми",
"як навчишся читати — у мами листи",
"я тобі викладатиму знимки й пости",
"я тебе повезу", "ми побачимо світ",
"я для тебе тут маю від зайця привіт",
"може, там уже видно, це донька чи син?",
"я нарешті поспплю кілька повних годин",
"говори мені, мамо, я чую ще, ма..."

жде дитина зими. жде дитину зима.

our newsfeed

our newsfeed is a gallery of loss
father/mother, son/daughter, sister or brother
the odd photo of a family feast
open faces, where it's not about pain
where it's not about death, but long happy lives,
about celebration, a sullen teen
resists the snapshot, grimaces, grumbles,
– don't show anyone, mom, quit it already...
here's how lovers pose, defiant and tender
no fear of separation, no shadow of contempt
eyes filled up with muddy desire,
a hundred thousand kisses, snuggles, sighs,
where the pattern's cut..., where plans are made...
where a couple's expecting a kid, or Godot,
or the morning pizza delivery, though
they don't expect the world to end like this
with the half-promise "by winter,"
"you've barely looked round, we're already here"
"once you've learned how to read, say, mama's notes,"
"i'll show you my snapshots and my posts,"
"i'll take you along", "we'll see the world,"
"got something for you from a little bird,"
"is it already visible, daughter or son?"
"i'll finally sleep a few hours,"
"say something, mama, i still hear you, ma..."

a child's waiting for winter. winter's expecting.

і зійшов Ісус

і зійшов Ісус на Оливну гору
у місті Бучі, у місті Ірпені,
у селищі Гостомелі, у селі Мотижині,
і селищі Бородянці,
у місті Чернігові, у місті Харкові,
у багатостраждальному місті Маріуполі
і просив Отця –
хай закінчиться на мені чаша ця

розіп'ятий на хрестику натільному
на тілі смертному неідентифікованому
року Божого 2022-ого
у світі бездушному

небо і земля мимо ідуть

and Jesus ascended

and Jesus ascended at the Mount of Olives
in the city of Bucha, in the city of Irpin,
in the town of Hostomel, in the village of Motyzhyn
in the town of Borodianka
in the city of Chernihiv, in the city of Kharkiv,
in the long-suffering city of Mariupol
and prayed to the Father –
let this cup stop with me,

crucified on a bodily cross
on an unidentified mortal's body
2022 the year of our Lord
in a soulless world

heaven and earth walk on by

туди й назад

туди їхала — на заспокійливих,
назад — на знеболювальних
інших маршрутів не було

чулася такою надщербленою,
що боялася пробити собою обшивку літака,
продуманий до дрібниць інтер'єр готелю,
красиві тіла співрозмовників і співрозмовниць

війна не пасує до решти світу
як каліцтво до вечірньої сукні:
надто важкий погляд
надто гостра мова,
надто брутальні деталі

закриймо очі смерті твоїми руками, люба,
ти зможеш, тобі там ближче

для важких розмов у нас є спеціальна людина
у нас є спеціальна кімната,
окремий вхід і вихід, не тут, прошу

красиві молоді тіла стрибають у води каналу,
спраглі життя і кохання, залиті сонцем і сміхом
досконалі, зухвалі, як ті,
із німецьких довоєнних листівок про
здоровий дух у здоровому тілі

there and back again

i traveled there on tranquilizers,
back on painkillers
there were no other routes

i felt so shattered,
feared i'd pierce the aircraft cabin,
the hotel's interior was so intricately designed,
the interlocutors' bodies so beautiful

war doesn't suit the rest of the world
like mutilation with an evening gown:
the look's too heavy
the language too sharp
the details too brutal

let's close death's eyes with your hands, dear,
you can reach, you're closer there

we've got a special person for the hard conversations
we've got a special room
separate entrance and exit, not here, please

beautiful young bodies dive into the canal's waters,
sunlit, full of love, life, laughter
perfect, audacious, like
German pre-war postcards
a healthy spirit in a healthy body

добірні зерна без жодної вади,
як ми колись, певні себе, повні любові

перед лицем смерті кажу тобі:
люби мене так, ніби в світі більше ніколи
не буде достатньо світла, щоб ми віднайшлися

люби мене, доки нам здається,
що смерть закриває на це очі і не бачить,
але вона підглядає, відтепер — завжди і всюди
ми це знаємо, і в нас не виходить скінчити

війна дбає про наше майбутнє,
так вони кажуть
так вони бачать

коли ти дзвониш з війни,
тебе перекрикують птахи
отже, світ все ще існує

carefully selected grains with no blemishes,
as we once were, sure of ourselves, love-filled

in the face of death i say to you:
love me as if there will never be
enough light to find each other again

love me until it seems
death's turned a blind eye,
but she's spying, from now on always everywhere
we know it, we can't finish

the war's taking care of our future,
as they say
as they see it

when you call from the war
birds are chirping
so the world still exists

Історія фікуса, розказана людиною, яка надає перевагу спілкуванню з рослинами

пів року війна

покинутий фікус фіксує події з вікна

мріє — от вийти б за рами віконні,

давно вже порожні,

а ні

покинутий фікус не ходить, хіба що приліт

дає йому крихту надії

і стартовий імпульс в довколишній світ

у цьому літописі літа не збереглося стількох сторінок,

але якщо під дощами, то фікусу згрубша ок

людина приїде, протиснеться в двері,

ударною хвилею зняті з петель:

не дім а мотель

замотана вітром фіранка і мотлоху кілька кімнат —

не видно дороги назад

а фікус внизу візьме і прийметься,

покине розбитий вазон

учепиться коренем спраглим за чорний газон

стоятиме гордо, ростиме, чекатиме вперто своїх:

старечого шаркання капців, розмов задушевних,

звичайних рослинних утіх

the story of a ficus, as told by a human who prefers to communicate with plants

half a year of war
an abandoned ficus registers the events from the window
dreams of leaving through the window frames,
long since empty,
but no
an abandoned ficus can't go anywhere, though the missile
gave it a glimmer of hope
and a sudden urge toward the outside world
few pages have survived from these chronicles of summer,
but if it rains, the ficus fills out
a person will enter the building, squeezing past the door,
that the shockwave unhinged:
not a home but an inn:
curtain rolled up by the wind, rooms filled with junk —
no clear way out
but the ficus below will survive and send out shoots
leave its broken pot
clasp the black lawn with thirsty roots
stand proud, grow, wait
for its old man's shuffling slippers, heart-to-hearts,
simple plantish pleasures

наш відключений холодильник

люблю тебе звідусіль.

незвіданої землі все ще багато,

можна їхати і їхати, доки не впрешся чолом

у холодильник із магнітиками,

навезеними з різних країн: і тут ми не були разом, і тут,

і звідти я слала тобі знимки і смски, а звідти дзвонила,

показуючи фантастичний краєвид, видру із помаранчевими зубами,

бамбуковий ліс,

який стоїть-стоїть при землі насторожений,

а потім якогось дня пускається в ріст і вистрілює вище голови.

список міст, в які ми мусимо поїхати,

коли все це закінчиться, виріс уже настільки,

що питаю себе на світанку в чужій країні,

в якомусь готелі, в незручному ліжку:

чи вистачить нам життя для всього цього списку?

чи вистачить нам простору над головою

для усього того аномально росту?

чи вистачить нам сил на усе це потім?

принаймні за одне не переживай, – заспокоюєш жартома, –

якщо закінчиться місце для магнітиків,

купимо більший холодильник.

люблю тебе звідусіль.

повертаюся до тебе звідусіль, як магнітик

our unplugged refrigerator

i love you from all the places.
there's still a lot of uncharted territory,
you can go on and on, until your forehead hits
the refrigerator magnets,
brought from various countries: we weren't together here, or there,
and i sent pictures and texts from here, and i called you from there,
a spectacular landscape, a yellow-toothed otter, a bamboo forest
that just stood and stood, guarding the earth,
then one day it began to grow, and shot way up overhead.
the list of cities we must see
when all this is over has grown so long
that i ask myself at dawn in a foreign country,
in some hotel, in an uncomfortable bed:
will we have enough life left for the whole list?
will we have enough headspace
for all that freakish growth?
will we have enough strength for it all?
"there's one thing you don't have to worry about," you joke,
"if we run out of space for magnets,
we'll buy a bigger refrigerator."
i love you from all the places.
i return to you from everywhere, like a magnet

це не я, оббілований стовбур

це не я, оббілований стовбур платана
це не я, скалічений обстрілом дім
це не я, ця посічена брама, стіна,
цей застряглий в асфальті снаряд,
що не вибухнув
я — той що вибухнув,
я — та, якої не стало,
я — те, без чого тепер
спробуй бути
рости, захищати, вести
як за руку
за порожній рукав
зашитий нитками дощу
аби нити і нити

i am not this stripped sycamore

i am not this stripped sycamore trunk
i am not this house, maimed by shelling
i am not this riddled gate, this wall,
this missile lodged in asphalt,
unexploded
i'm the one that exploded
i'm the one that's gone
i'm the one without whom
try to live now
to grow, defend, lead,
as if by the hand
by an empty sleeve
sewn with threads of rain
needling and needling

повертаюсь в автобусі тихих дітей

повертаюсь в автобусі тихих дітей, мовчазних матерів
серед клунків зимового одягу із далеких країв,
де були нещасливими, але в безпеці,
сумними, з очима назад
де щоночі чекали на транспорт до станцій своїх
і нестерпно хотіли зустріти когось, хоч одного когось
хто потвердить, що їхні міста існували,
що все це не вигадка — дім, намальований дітьми
під сонцем, бо сонце ж уміють усі,
але дім — вже далеко не всі,
але тата чи маму — не всі.
довго вчитись речей довоєнних, умінь попередніх,
ще довше, аніж повертатись додому із різних країн
ще довше, аніж забувати звук вибухів, чийсь крик
передсмертний, порожню баклажку на воду для всіх,
що у тому підвалі були, що у тому підвалі лишились.
хлопчик малює кота без ноги,
і людей, що не вийшли, і себе, мовчазного, малює.
червоним фломастером. червоне кричить за усіх,
а чорне усіх, що не вийшли, ховає

автобус везе нас додому крізь ніч попри пам'ять узбіч
попри страх, що ні міста, ні дому немає

i return on a bus full of quiet children

i return on a bus full of quiet children, silent mothers
with bundles of winter clothes from distant lands
where they were safe but unhappy,
sad, eyes looking back
where they waited each night for a return trip
longing to meet someone, anyone
to tell them their cities were still there
not made-up homes drawn by children
beneath a sun, because everyone knows the sun,
but home — far from everyone,
but dad or mom — not everyone.
it takes so long to relearn pre-war things, former skills,
even longer than coming home from various countries
longer than forgetting the sound of explosions, someone's dying
scream, the empty water canister shared by everyone
in that basement, who stayed in that basement.
a boy draws a cat without a leg,
and the people who never came out, and he draws himself, silent.
with a red felt pen, red screams for everyone
and black buries the ones who didn't come out

the bus carries us home through the night past memories on the roadside
past fear that neither home nor city is there

стоїш із плакатиком "no war"

стоїш із плакатиком "no war" як індульгенцією за те,
чого уже не відвернути: війну не зупинити,
як яскраву артеріальну кров із відкритої рани —
вона тече, доки не вб'є,
заходить у наші міста озброєними людьми,
розсипається ворожими дрг у внутрішніх дворах,
ніби смертельні ртутні кульки, що їх уже не визбирати,
не повернути назад, хіба що вистежувати і знешкоджувати
цим цивільним менеджерам, клеркам, айтішникам і студентам,
яких життя не готувало до вуличних боїв, але війна вчить
в польових умовах, на до болю знайомій місцевості, наспіх
в тероборону спершу беруть чоловіків із бойовим досвідом,
потім уже навіть тих, що мають за плечима тільки Dune i Fallout,
ну і ще короткий майстерклас із приготування вибухових коктейлів від
        знайомого
бармена. в найближчому нічному клубі сплять діти, плачуть діти,
народжуються діти
у світ, тимчасово непридатний для цього
у дворі на дитячому майданчику варять протитанкові їжаки
і розливають смертельні "напої" — сімейним підрядом,
цілими родинами, які нарешті спізнали радість спілкування
і злагодженої колективної праці – війна скорочує відстань
від людини до людини, від народження до смерті,
від того, чого ми собі не бажали —
до того, на що ми виявилися здатні
– мамо, візьми трубку, другу годину просить жінка у підвалі
        багатоповерхівки,

"no war"

you're standing with a "no war" sign as if to redeem
the inevitable: this war can't be stopped,
like bright arterial blood from an open wound
it flows till it kills,
it enters our cities with the armed men,
seeps into our courtyards with the reconnaissance units,
like the deadly mercury beads you can't pick up,
you can't fix this, except to find and neutralize it,
these civilian managers, clerks, IT-guys and students,
life didn't prepare them for street fights, but the war did,
on the frontline, a landscape so familiar it hurts, in a hurry
at first they only recruit experienced combat fighters to the defense units,
after that gamers who play Dune and Fallout,
and had a crash-course in Molotov cocktails from a bartender
at the local club while the kids slept, the kids were crying, the kids were
            being born
into a world temporarily unfit for all this
out on the playground they're assembling Czech hedgehogs,
and nuclear families mix deadly "drinks."
whole families, finally enjoying a conversation
and a collective project — war shortens the distance
from person to person, from birth to death,
from what we never wished for —
to what it turned out we were capable of
"mom, pick up the phone," a woman's been pleading for two hours in the
            apartment building basement,

вперто і глухо, не припиняючи вірити в чудо,
але мама її поза зоною досяжності, у тому передмісті,
де панельки склалися, як дешевий конструктор,
від масованих ударів, де вежі зв'язку ще вчора
перестали зв'язувати, де світ розірвався на до війни і після
вздовж нерівного згину плакатика "no war",
який ти викинеш у найближчий смітник,
ідучи із протестів додому, російський поете

війна убиває руками байдужих
і навіть руками бездіяльних співчутливих.

stubborn and dense, she won't stop believing in a miracle

but her mother is out of cell phone range, in the suburbs,

where the prefab collapsed like cheap legos

from the massive strikes, where just yesterday broadcast towers

stopped connecting people, where the world got blown up into pre- and

       post-war

along the uneven fold of the "no war" sign,

which you'll toss in the nearest trash can,

on your way home from the protest, Russian poet,

war kills with the hands of the indifferent

and even the hands of idle sympathizers.

перехресний, як рима

перехресний, як рима, вогонь, охолонь, перестань.
каса звуків і букв розлетілась від першого БУКа
вивчив назви рослин по прильотах — Піон і Тюльпан
Гіацинт і Гвоздика, смертельна неначе гадюка
прочитай по складах, де від нас спрацювала артА
по усіх тих ворожих складах. почерк виробиш потім.
кажуть, гарна тут школа була. перший клас — легкота.
в старших класах на дошці висить ще домашня робота.
все, чого ти навчився й набачився, вдарить під дих
всі, без кого тобі обійтися тепер доведеться...
бий із лінії, що пролягає між мертвих й живих
як її не стирай, а вона неодмінно — крізь серце.
перелітні, як птахи, снаряди лягають в поля,
у футбольні шкільні, де пронизливо пахне травою
сонця м'яч золотий бачить як учорашнє хлоп'я
пробиває іще за своїх, але вже — поза грою

crossed, like a rhyme

crossed, like a rhyme, blaze, freeze, pause
a treasury of sounds and letters from the first "BUK" radar
you've learned plant names from missiles — "Peony 2S7," "Tulip 2S,"
"Hyacinth-S," "2S1 Carnation," deadly as a viper
sound out the syllables where our ARTy fired
on the enemy warehouses. rewrite it neatly later.
they say the school here was good. grade school was a breeze.
the high school still has assignments on the chalkboard.
everything you've learned and seen will blow your mind
everything you will now do without...
fire from the line between the dead and the living
try as you might to wipe it away, it's permanent, across the heart.
shells, like migrant birds, land in the pastures,
on the soccer field, with its pungent smell of grass,
the sun's golden ball watches yesterday's schoolboy
tie the score for his team, but the ball's out of play

людське тепло

вибираючи тепловізор чи прилад нічного бачення,
зачудовано прогортаєш усі ті моделі,
що призначені для спостережень за звіриною
і полохливими пташками у дикій природі,
а потім із нерозумінням ті, що призначені для полювання
бо ані звірина, ані пташка такого не заслуговують
ні лось, ні заклякла тушка зайця, ні тендітне тіло косулі
що змигне в тепловізорі, розгублене і непевне:
куди тікати? хто тут на моєму законному місці?
гаряче тіло собаки червоніше від людського
скільки разів воно гріло в окопі, забившись під тебе
від нестерпного звуку прильотів
ховрахи, ласиці, кроти — надто дрібні і непримітні,
їх не беруть в розрахунок
вибираючи приціл, мусиш пам'ятати
що людське тепло особливе —
воно убиває

human warmth

choosing a thermal sensor or night-vision device,
you scroll, in wonder, through all these models,
designed for tracking animals,
and spotting shy birds in the wild,
and then, in horror, through those designed for hunting,
for neither beast nor bird deserves this
not the elk, not the stiff carcass of a hare, not the delicate body of the roebuck
flashing past the thermal imager, confused and uncertain:
where to flee? who's in my rightful place?
a dog's hot body shows redder than a human's
how often did it warm you in the trenches, sheltering
from the roaring missiles
the gophers, weasels, moles are so small and unremarkable,
they don't count
taking aim, you must remember
human warmth is special —
it can kill

а для цього болю в мене для вас нема назв

а для цього болю в мене для вас нема назв
а для цього болю в мене для вас нема сліз
і куди б ми не йшли тепер, він за нами скрізь
як підшкірний жах, як застиглий крик, як один із нас...

я жона Лота, яка востаннє озирнулась на світ

and for this pain

and for this pain i can give you no name
and for this pain i can give you no tears
and wherever we go, it's close on our heels
like subcutaneous horror, like a frozen cry, like one of us...

i'm Lot's wife, who looked back at the world one last time

історія людства

уникати чиєїсь війни, аж діждатись своєї
малювати комусь на грудях мішені перевіреної форми
ще ніколи ми не підходили так близько до краю світу,
тримаючись дружно за руки
не зазирали за край так допитливо, такі безпечні
як там глибоко? скільки летіти?
чи перші пом'якшать падіння наступним?
світе передзахідний, до якого все ще доходить світло
від далеких зірок, давно вже загаслих,
так рівномірно лягає, що ніби й нічого не сталось
так гостро заломлюється у водах, очах
та інших відтепер непроникних поверхнях,
так відчайдушно відбивається від металу,
ніби все поставлене на закривавлену карту світу
те, що відбилося від рук, більше не дається в руки

звикати до темряви, чистити зброю,
берегти набої

the history of mankind

to avoid someone else's war until you get your own
draw targets on people's chests in the regulation shape
we've never come so close to the world's end
holding each other by the hand
never peered over the edge so casually, curious
how deep is it? how far down?
will the first soften the fall for the next?
light still reaches the twilight world
from distant stars long since extinguished
it settles there so evenly, like nothing's happened
it's refracted so sharply by water, by eyes
and other henceforth impenetrable surfaces,
it's reflected so desperately by metal,
as if all bets were on one blood-stained map of the world
you'll never get back what's out of hand

get used to the dark, clean your weapons,
save your ammunition

з Європою в тлі

1

старіти від новин,
сивіти від чорного диму,
бачити крізь діру навиліт
в дотліваючій багатоповерхівці
як сідає далеке сонце Європи
мушу переосмислити історію літератури
перш ніж викладати студентам
тим, що вціліють, потрібна буде інша наука,
тим, що виживуть, потрібний буде інший світ,
хто поверне нам наше?

2

я не звинувачую тебе, я тільки фіксую
клейкою стрічкою скло у наших великих європейських вікнах,
у наших світлих європейських містах навхрест і по периметру
повітряна тривога не залишає місця всім іншим видам тривоги
не забудьте вимкнути газ і світло,
каже радіо голосом мого доброго знайомого
і я розумію, що він не жартує,
ця тривога вже в твоєму повітрі, Європо,
не забудь про газ і світло
приймай нас, як погані новини,
приймай нас, як неприємні ліки
приймай нас, як несвоєчасні пологи,
те, що народиться, буде твоїм
як це не солодко
як це не гірко

with Europe in the background

1
to grow old from the news
to go gray from the black smoke,
to see through the gaping hole
in a burned out high-rise
as Europe's distant sun sets
i'll have to rethink literary history
before i teach it to my students
those who survive will need a different discipline
those who survive will need a different world
who will return ours to us?

2
i'm not blaming you, i'm just taping
over the panes in our large European windows,
in our bright European cities, crosswise and around the perimeter
the air raid alarm doesn't leave room for the other kinds of alarm
don't forget to turn off the gas and the lights,
says the radio in my good friend's voice
and i understand he isn't joking,
this alarm is already in your air, Europe,
don't forget the gas and the lights
take us in, like bad news,
take us in, like unpleasant medicine
take us in, like a premature birth,
whatever's born will be yours
however sweet
however bitter

Стус

застав свою смерть танцювати
на могилах твоїх ворогів,
і нехай тіло звинне її,
яке ні любити, ні брати не можна,
під язиків кастаньєти
що їх чує лиш вірна вона,
хай танцює, хай інші
побачать

застав свою смерть,
як нерозмінну монету
в ломбарді історії,
хоч так мало за неї давали спочатку,
та років за тридцять
за неї платитимуть сотні
тисяч, щоб мати її у колекціях —
диво чеканки, цікавий такий артефакт

заклади свою смерть у фундамент,
як камінь відкинутий, а тепер от наріжний,
на якому дощі висікатимуть
вирвані з тіла цитати:
світ такий недомовлений ще,
день такий непрожитий,
все можливе у вірші новому,
який хтось допише, бо зможе
по смерті твоїй

Stus

make your death dance
on your enemies' graves,
let it answer to the body
which can neither be loved nor held,
to the beat of the castanet's tongues
only she who is faithful can hear,
let it dance, let others
look on

deposit your death,
like a non-exchangeable coin
in history's pawnshop,
though they offered so little for it at first,
in thirty years or so
they'll pay hundreds
of thousands to acquire it for their collections,
a miraculous mint, fascinating artifact

place your death on the foundation
like a stone cast aside, now the cornerstone
where the rain will carve
quotes torn from your body:
the world is still unspoken
the day is so unlived,
everything's possible in a new poem,
which someone will finish writing, because they can
upon your death

заклади свою смерть

як закладку у книзі життя,

на сторінці, де дехто спіткнеться,

а дехто заплаче,

а хтось щось таке прочитає,

без чого не став би собою

застав свою смерть говорити

заклади свою смерть як провалля словами,

щоб інші не впали

place your death
like a marker in the book of life
on a page where someone will falter,
and someone will cry,
and someone else will read something
that will make them who they are

make your death speak
cover your death, like a chasm, with words
so others won't fall in

що там сьогодні в театрі тіней

що там сьогодні в театрі тіней —
вухаті зайці, смішні верблюди?
люди ідуть між подвійні стіни,
тягнучи свій караван застуди

там, де незламності кігтеточка,
там, де кота генератор рухомий
люди сідають чемно рядочком
і відчувають нарешті, що вдома

і відчувають нарешті, що втома
в кожному з них віднаходить кутик
і загинає сторінку на тому,
що миті такої могло б і не бути

що дати такої могло б і не стати,
і що б ти, людино, робила без цього
у світі, який не пізнав утрати
і не осягнув про світло нічого

what's showing today in the shadow theater

what's showing today in the shadow theater —
long-eared rabbits, comical camels?
people walk between the double walls,
dragging their caravan of sniffles

at some scratching-post of invincibility
someplace with a purring portable generator
people will sit politely in rows
and finally feel at home

and finally the exhaustion
will find a safe corner in each of them
and will fold the page where it says
a moment like this can never be

a day like this can never be
and what would you do, human, without it
in a world that has never known loss
or understood a thing about light

ВИЖИТИ

те, що береже нас від зведення порахунків,
що дає сили гребти у холодній воді лютневого ранку,
видихаючи сизу хмарку пари, ніби затяті курці — диму,

те, що змушує нас вгадувати, де найближчий берег,
на який рано чи пізно можна буде вийти, стати на твердому
те, що тримає нас на плаву, не дає втонути, виштовхує з води
окрім Архімедової сили та Сізіфової праці,
окрім підшкірного жиру і бажання запливти якомога далі
у цій глибокій тривозі, що приводить до тями і підганяє,
у цьому терпкому відчаї, що змикається довкола грудної клітки,
змушуючи вдихати і видихати

ми — те, що ми витісняємо на периферію свідомості,
у хаотичний відеоряд сновидінь про найгірше,
у плутаність вражень дитячих, яких не вдається
ані згадати, ані забути,

те, у чому не готові зізнатися навіть собі,
не кажучи вже про інших, навіть перед лицем смерті:
нас підганяє не сила, а слабкість
ми завжди пливемо до найдальшого берега

але це дізнаються тільки ті, кому не забракло
сили доплисти, вибратись на сухе, озирнутись,
прийняти як даність,
що десь там посеред води,

survival

what keeps us from settling accounts,
what gives us the strength to keep swimming through cold water on a
        February morning,
exhaling a blue cloud of steam, the way chain smokers expel smoke

what makes us guess where the nearest shore is,
where, sooner or later, we'll manage to get out, to stand firm
what keeps us afloat, keeps us from drowning, shoves us out of the water
besides Archimedean strength, Sisyphean effort,
besides subcutaneous fat and the desire to swim as far as possible
in this deep alarm that sobers and drives us,
in this acrid despair that tightens our rib cage,
forcing us to inhale and exhale

we are what we repress on the margins of consciousness,
in a chaotic video sequence of dreams about the worst,
in the confusion of childish sensations, which we fail
to either remember or forget

here's what you can't admit yet, even to yourself,
not to mention others, even in the face of death:
we're driven not by strength, but by weakness
we always swim to the farthest shore

but the only ones who know this don't lack
strength to swim, to get out on dry land, to look back,
to take for granted

де дно насправді було ближче, ніж берег
(бо дно завжди найближче)
і тіло уже відмовилося гребти, а легені вдихати,
нас хтось підмінить

і ніхто не помітить підміни

that somewhere in the middle of the water,
where the bottom's really closer than the shore
(because the bottom's always closest)
and the body refuses to swim, and the lungs to breathe,
someone will replace us

and no one will notice

з кожним днем війни

з кожним днем війни
мій тривожний рюкзак
ставав усе легшим
спершу я виклала з нього їжу,
лишивши тільки воду
і калорійний батончик
скільки там людина потребує,
щоб дотягнути до безпеки
потім переглянула одяг:
ніякої спідньої білизни,
ніякої зміни,
крім запасних шкарпеток
якнайтеплішу куртку,
якнайзручніші черевики,
тільки універсальні речі,
в яких можна бігти, впасти,
лежати в пилюці
на холодній підлозі підвалу
в незрозумілих умовах
ніж замінила на більший
сокиру вийняла,
поклала біля ліжка
яка не яка зброя під рукою
книжку замінила на зошит,
і так нічого не заходить,
крім свого.
папір придатний на різне

with each passing day of war

with each passing day of war
my emergency backpack
has grown lighter
first i removed the food,
leaving only water
and an energy bar
how much does a person really need
to reach safety
then i reconsidered the clothes:
i don't need underwear,
don't need a change,
except extra socks
my warmest jacket,
comfortable shoes,
just the basics,
that you can run in, fall in,
lie in the dust
on a cold basement floor
in tenuous circumstances
i exchanged the small knife for a big one
i got out the axe
set it by the bed
handy, whatever happens
i replaced the book with a notebook,
so no new thoughts will get in,
except my own.
paper has various uses

документи поклала, виклала,
заховала в потаємну кишеню
сама собі доказ свого існування
сама собі документ про освіту,
свідоцтво про стосунки,
сама собі право власності на дім,
у якому тривожний рюкзак
далеко не кожен встигає зібрати
далеко не кожен – забрати

а виявилося, що навіть ключі
не потрібні

i put in the documents, took them out again,
hid them in a secret pocket
i'm proof of my existence,
proof of my education,
proof of my relationship,
proof i own a house,
with an emergency backpack
not everyone has time to put one together
not everyone has time to grab it

and it turns out even keys
are non-essential

мама - яма - я

мама - яма - я
де моє ім'я?
рама від вікна
хрестовина на
Бог навиліт йшов
душу підібрав
хірургічний шов
болю автоклав
тіла мовчазний
вихололий дім
не знаходить в нім
прихистку любов
мама - яма - як
бігти навздогін
плакати навзрид
падати навзнак
боже я прийму
всі твої шляхи
але їх не руш
але їх залиш
тих усіх малих,
що навчились лиш
кілька перших слів,
з материних уст,
з материних рук
мама - яма - сам
як - йому - тепер
мама - яма - як?

mama - i'm a - pit

mama - i'm a - pit
where's my name?
window frame
crossbeam holding it
God flew out the wound
picking up the soul
sutures - surgical
autoclave for pain
body's silent frame
house grown cold
love can't find in it
shelter or accord
mama - how - a pit
run til you catch up
cry aloud, sob
fallen on your back
god, i accept
all your paths
but they can't be moved
but they must be left
all the little ones
only barely learned
their first words
from a mother's tongue
from a mother's hands
mama - pit - self
how's - he - now
mama - pit - how?

ми вкрали дрібку часу у війни

ми вкрали дрібку часу у війни
на пару слів. ми вкралися як огріх
в новинну стрічку, в тексту темний погріб,
де кожен вигрібає щось своє
моє мені завжди було найтяжче
твоє мені заснути не дає
на відстані, де все крихке й зникоме,
привіт, приліт! гудки, гудки, як коми
чим глибша ніч, тим довше йде додому
сигнал, якому духу не стає

we stole a pinch of time

we stole a pinch of time from the war
for a couple of words. we stole in like an error
in the newsfeed, a dark cellar in the text,
where everyone unearths something of their own
mine was always too heavy
yours keeps me awake
from a distance, where everything's fragile and fleeting
what's up, rocket! beeping, beeping like in a coma
the deeper the night, the longer to reach home
the signal's too weak

доки світло...

сивини вольфрамові нитки
зблискують під мимолітним світлом,
погляд пробігає навпрошки
з жовтня через випалене літо
аж у лютий, де вагань — ні грам
довгий вдих, терпка затяжка диму
блимає над ними молодими
лампочки розжарений вольфрам
виймеш спогад — дріб'язок з кишень
для сухого, наче очі, звіту
всі тіла фізичні, але звідти,
тіл небесних не дістали ше
доки світло, світ здається днем,
відправною точкою, з якої
він іде над вічною рікою
він стає пліч-о-пліч із вогнем
перехресним. прикриває друга
і його тримає над життям
відчаю затягнута попруга
коник, що вивозить навіть там,
де усі зостались молодими
довгий шлях, легені повні диму,
бусом номер двісті, вийди, вий...
впізнавай по позначках родимих

доки світло, все здається зримим,
доки їде, матері — живий

while it's light...

the graying tungsten filaments
sparkle in the fleeting light,
a chance glance scans
from October through a scorching summer
all the way to February, not an ounce of hesitation
a deep breath, sharp puff of smoke
an incandescent tungsten lightbulb
flickers over them, the young,
you pull the memory from your pocket like spare change
for an account dry as eyes
all bodies are physical, but from there
they have yet to get heavenly bodies
while it's light, the world looks like day
like a starting point, from where
he walks upon an eternal river
stands shoulder-to-shoulder with the cross
fire. shields a friend
and keeps him atop this life
a tightrope of despair
that pony keeps carrying them even to
where everyone stays young
it's a long haul, lungs full of smoke,
on bus two hundred, get off, get...
identify your loved ones by their birthmarks

while it's light, everything seems visible
his mother sees him alive until it departs

світла стане на всіх

світла стане на всіх, але що робити
із непідйомним каменем болю, Сізіфе
куди подіти схлип, що кісткою стрягне в горлі,
Петре і Павле, усмиряти шторми —
хіба смертному таке під силу?
чим закласти пробоїну в спогаді про минуле,
що хапається за одвірки, ламаючи нігті,
а раптом не вийде вийти, залишся зі мною навіки
світлої пам'яті хлопче-дівчино-чоловіче-жінко-плоде
темної пам'яті ноче, за якою не настане завтра
сонце буде сходити і виходити як оглашенне,
риба запливатиме в сіті, комусь треба буде говорити,
свідчити, проповідувати, попри всю недовіру
трави ростимуть комусь по коліна, по пояс,
по горло, де кістка схлипу, Петре і Павле, застрягла
де камінь непідйомного болю, Сізіфе, когось привалить
де світло разить навиліт, Ісусе, проходить крізь тіло,
каже, не бійся, це Бог, хай навіть ти сумніваєшся
і ніхто довкола не готовий це прийняти,
це бог безжальний, що спалює все дощенту і починає
зі створення світла

there will be light for everyone

there will be light for everyone, but what to do
with this unbearable pain stone, Sisyphus
where will you put this sob caught in your throat like a bone,
Peter and Paul, calm the storms,
but does a mortal have the strength?
how to cover the hole in your memory of a past
that grasps at the doors, breaking its nails,
but suddenly there's no way out, stay with me forever
bright memory boy-girl-man-woman-offspring
dark memory night with no tomorrow
the sun will rise and set as announced,
fish will swim into the net, someone will have to speak,
testify, preach, all disbelief aside
the grasses will grow up to someone's knees, up to the waist,
to the throat where this bone of a sob, Peter and Paul, is caught
where the stone of unbearable pain, Sisyphus, will pin someone down,
where the light hits on the way out, Jesus, passing through the body,
he says don't be afraid, this is God, though you may doubt it
and no one around is prepared to accept
this merciless god, who burns everything to the ground and starts fresh
from let there be light

і ніби вигрібаю

і ніби вигрібаю, але ні
знаходжу в кеші спогади сумні,
з минулого, яке не має дати
де сонця позолота із облич
стікає в тінь кімнати, вглиб полиць,
де книги ще стоять, немов солдати
а всіх цивільних просять перейти
в безпечне місце пам'яті, в мотив
коліс, що нам усім тепер за серце
куди податись безпритульним снам,
куди вертатись нам-уже-не-нам
де римські штори й місяця сестерцій,
де станція, що звалася "не плач",
де кішка, що не принесла калач,
де мати, що нікому вже не мати
у кожного своя стіна плачу,
приходжу в себе і мовчу, мовчу,
але болить, що не перемовчати

it's like i'm digging

it's like i'm digging around, but can't
find the sad memories in the cache
from the past, which has no date
where the gilded sun slips from faces
into the shadow of the room, deep into the shelves,
where books still stand, like soldiers
demanding that all civilians move
to a safe realm of memory, to the circular
motif, now dear to all our hearts
where do homeless dreams go
where do we-no-longer-we return
where are the roman blinds and months of sestertius coins,
where is the station called "don't cry,"
where is the cat, why didn't they bring bread,
where is the mother who's no longer a mother
everyone has their own wailing wall
i come to my senses and am silent, silent,
but it's too hard not to speak

правда на твоєму боці

правда на твоєму боці, але це твій найтемніший бік
мало хто бачив його, принаймні, із тих, що живі
трава підіймає черству землю на своєму горбі
культі дерев випускають пагони, як пазурі

наука розпізнавання смерті відскакує від зубів
за браком часу відразу переходиш до ключової з тем:
сонні артерії над ключицями — справа і зліва, їх дві
чорний ворон — птах, що живиться падлом, а не тотем

чужих довкола стає стільки, що губиться лік своїм
спиш до вікна головою, під подушку кладеш щось важке,
гуляючи містом, подумки постійно облаштовуєш вогневі
позиції, де кут обстрілу добрий і вид на ціль,
і сонце не сліпить в очі, і всяке таке

дай мені часу на збори — не забути забрати усе —
перш як вийти за рамки безпеки, давно затісні,
щоб не дісталося мародерам наших осель
ні доброї пам'яті, ні надтріснутого голосу платівки,
ні свідоцтва померлих тут чи народжених тут дітей

дай мені ранку прокинутись в іншому сні

the truth is on your side

the truth is on your side, but it's your buried side
few have seen it, at least among the living
the grass pulls coarse soil up onto its mounds
tree stumps send out shoots, like talons

the science of autopsy glints from the teeth
for lack of time you cut to the heart of the matter:
there are two carotids above the clavicles, right and left,
the black raven's a carrion-feeder, not a totem bird

so many strangers around, you lose track of your pills
you sleep head to the window, something heavy under your pillow,
wandering the city, you mentally reset your gun
positions, finding good firing angles and views of the target,
where the sun isn't blinding and so on

give me time to collect — to pack everything not to forget —
before getting past the checkpoint, long-since closed,
so the looters can't ransack homes
of happy memories, crackly voice-recordings,
certificates of deaths or children's births

let me wake in the morning to a different dream

так швидко старіють юні поети

так швидко старіють юні поети
щойно почнуть помічати
скандальні вибрики мови,
підозрілу активність
у передфронтальній корі головного мозку,
дофамінову залежність від слова
прірву за плечима того,
хто готовий відступити на крок від себе
легкість випадкових стосунків
двозначність ситуацій омонімії,
оніміння кінцівок фраз,
заримованих надто старанно,
надто уважні до художніх деталей,
яких ніхто не пам'ятатиме потім,
хто з ким прийшов
і хто з чим залишився
так швидко старіють юні поети,
більшість навіть не дочекавшись
першої книжки
так ніби в поезії рік за два,
рік за вік, рік за роком,
щось бере твою невинність
легкість твою, безпосередність,
посередність, геніальність
і лишає від неї
тільки покреслені сторінки,
ніби чужою рукою

young poets grow old so fast

young poets grow old so fast
they suddenly start noticing
scandalous verbal innuendos,
suspicious activity
in the prefrontal cortex,
a dopamine addiction to words
the abyss behind someone
about to step back from themselves
the lightness of casual relationships
the ambiguity of homonyms
a numbness at the extremities of phrases,
that tried too carefully to rhyme,
that paid too much attention to artistic detail,
though no one will remember later,
who came with whom,
and who got left with what
young poets grow old so fast
most don't even wait
for their first book
as if in poetry, a year counts for two
a year for a century, year after year
it strips you of your innocence
your lightness, spontaneity,
mediocrity, genius,
leaving only
pages someone else
crossed out

тільки сором від того,

яким рожевим, відкритим,

нагим і наївним

ти приходив до першого вірша,

на все готовий\готова

і хотілось померти,

як після першого сексу,

але потім доводилось жити і жити,

і жити, і жити, і жити,

переносячи з вірша у вірш

непотрібні знання, зайвий досвід,

зів'яле тіло традиції,

яку кожен брав молодою,

але ніхто не хоче доглядати

на старість

only your embarrassment
entering your first poem
so pink, exposed,
naked and naive
ready for everything
and you wanted to die
like after sex the first time
but then you had to keep living and living
and living, and living, and living,
carrying from poem to poem
gratuitous knowledge, superfluous experience,
the withered body of work
everyone embraced when it was young
but no one wants to care for
in old age

їсти себе

їсти себе. молитися іменами вбитих.
любити тих, кого більше ні торкнутися, ні обійняти.
світ розпадається на уламки. окремо вдих. і окремо видих.
Боже, я розгубилася, що тут кажуть з хреста знятим —
закопаним поміж трьох сосен, залишеним в лісі людському:
ми з тобою одної сльози, одної крові і плоті,
одної болючої пам'яті про світ, спільної, як могила

eat away at yourself

eat away at yourself. pray in the names of the murdered.
love the ones you can no longer touch or embrace.
the world is coming to pieces. inhale, hold. exhale, hold.
God, i have no clue what one says to someone pulled from the cross,
buried between three pines, abandoned in a human forest:
you and i are one tear, one flesh and blood,
one painful memory of the world, shared, like a grave

ми вийдемо з цього інакшими

ми вийдемо з цього інакшими, вийдемо. вий
сирено тривожноголоса між Скілли й Харибди
ми крихти зі столу Господнього, кості із древньої крипти,
ми лилики храмів підземок, ми лики святих

ти ж бачиш нас, загнаних в землі чужі, наче голки під нігті
на допитах, що ми готові віддати за цю
любов найгіркішу, цю землю, ці ріки, це віття,
це згарище дому, цей попіл, цей слід вуглецю

від того, хто камінь наріжний із Божої пращі
Із люті жаскої за скоєне нам, з неспроможності це
прийняти, пробачити чи відвернути лице
від краю, з якому лишається наше найкраще

we'll come out of this changed

we'll come out of this changed, we'll come out with a wail
shrill-voiced sirens between Scylla and Charybdis
we're crumbs from the Lord's table, bones from an ancient crypt,
we're bats from underground temples, faces of the saints

you see us, driven to strange lands, like needles under nails
at interrogations, what are we willing to pay
for this bitterest love, this land, this river this branch,
this house in ashes, this dust, this carbon footprint

left by him, the cornerstone in God's slingshot
by the terrible fury for what's been done, the inability
to accept, forgive, or turn away
from that edge, where our best remain

Боже, не дай затихнути голосу люті

Боже, не дай затихнути голосу люті
голосу тих, що в підвалах сидять, забуті,
голосу тих, що залишаться у завалах,
голосу тих, що скрикують в снах нетривалих,
голосу тих, що не можуть склепити повіки,
голосу тих, що безмовні, німі й недорікі,
голосу тих, що помруть від голоду й спраги,
голосу тих, що збирають крихти відваги
голосу тих, що спиняли собою колони,
що закривали собою від куль безборонних
голосу тої, що квилить в нікуди, тої, що кличе,
що проклинає, що в горі ховає обличчя
в тільце дитяче, у синове фото, у мамині речі,
в плечі сутулі, в коліна тремтячі старечі
голосу дому згорілого, голосу крові,
голосу розуму, що сумнівається, хто він
голосу, що проривається через сирени,
що заколисує ще ненароджених і безіменних
дай йому виходу з горла, що здушене страхом,
з міста під обстрілом, з тіла, що станеться прахом,
з серця, що б'ється віднині за кожного, чуй його, Боже,
голос ненависті в світі, де голос любові так мало може

God, don't quiet the voice of anger

God, don't quiet the voice of anger
the voice of those who sit, forgotten, in shelters,
the voice of those who remain in the debris,
the voice of those who scream falling asleep,
the voice of those who can't close their eyes,
the voice of those who are speechless, mute, who stutter,
the voice of those who are dying of thirst and hunger,
the voice of those who gather bravery's crumbs,
the voice of those whose bodies stopped the columns,
who threw themselves between the bullets and the defenseless
the voice of the one howling, calling out in the emptiness,
the one who curses, who hides her face in grief
in her child's body, in her son's photo, in her mother's things,
in stooped shoulders, in trembling old knees
the voice of a burned out house, the voice of blood,
the voice of reason that's begun to doubt itself
the voice that drowns out sirens,
that rocks the yet unborn and the nameless
let it emerge from the throat choked with fear,
from the body that will turn to dust, from the city under fire,
from the heart that will beat for us all from now on, God, hear it,
the voice of hatred in a world where the voice of love can do so little

все, що ти можеш, хіба що молитися

все, що ти можеш, хіба що молитися,
смерті трапляється теж помилитися —
не признати своїм

ось вона йде польовими стежками,
з серцем, зчерствілим-зісохлим на камінь,
серп затупів

коники в травах сюрчать безстременні,
літо знімає безпеки ремені,
та не ведись

на пахкотіння цих трав, шарудіння,
неба безодню і птаха за тінню,
що може увись

тінь та і тиша в степах тимчасові
втиснешся тілом у землю любові
мимо, не бачить, пройшла

хай тебе буде кому відмолити
в смерті, хай винесе коник підбитий,
хай донесе:

літа страшного ти виповз з заграви
на чисті води й некошені трави,
там переживши усе

all you can ever really do is pray

all you can ever really do is pray,
death can make mistakes too —
not recognizing what's hers

there she goes, wandering through the fields,
heart case-hardened to stone,
sickle blunted

grasshoppers chirp unrestrained in the grass,
summer unfastens its seat belt,
but don't be fooled

by the rustling of these grasses, the swishing,
the celestial abyss and the shadow of the bird
that can soar

the shadow and the silence on the steppes are temporary
you'll squeeze your body into the land of love
she blindly passes you by

may you have someone to say the prayer
for the dead, may the beaten grasshopper save you,
may he deliver this:

the terrible summer you crawled from the flame
to pure waters and uncut grass,
having lived through everything

в окопі

плекали змія. плакали в Поділ.
подія за подією вдавали,
що Ігор кається за долю тих полків,
що полягли на берегах Каяли.
що змієві вали таки встояли,
бо змій, як змі голосять, не звалив,
хоч язиків медійних опахало
робило вітер для чужих човнів.
та попри те, за кімерійським валом
щоночі щось пекельно вибухало.
і дим чорнів.
хтось брав на себе нелегкий уділ —
цю землю захищати доостанку,
хтось без броні чи за бронею, в танку,
під небом зоряним, серед снігів і злив
стояв в степах, ти ж пишеш, Геродоте,
історію, повторювану всоте:
як всотується кров, як б'є приплив
об береги старого Бористена,
де демосу одвічна епістема,
де охлосу оглушливий мотив.
у цьому безкінечному трипіллі,
де дозрівають людські кості білі,
де не бувало ще століть простих
хтось врешті-решт це вихопить словами:
тут стільки люду у землі між нами,
немов це ми насправді поміж них

in the trenches

they nursed a snake. they cried in Podil.
strike after strike, pretending
that Igor repented for his regiments' fall
on the banks of the Kayala.
that the Serpent's Wall withstood,
because the snake, rumor had it, hadn't fallen,
though the media's flapping tongues
fanned wind into other's sails.
and despite this, outside the Cimmerians' wall,
every night something hellish erupted.
and the smoke grew dark.
someone accepted their difficult part —
to defend this land to the last,
someone in a tank, unarmored, armored,
under starry skies, in the snow and sleet,
standing on the steppes, Herodotus, you are writing
a history that repeats itself over and over:
how blood rushes, how tides hit
the shores of old Borysthenes,
where the demos is the eternal episteme
where the ochlos lends a deafening motif.
in this infinite Trypillya,
where pale human bones are ripening,
where there's yet to be an easy century
someone, when it's all over, will put this in writing:
there are so many people on the earth that lies between us,
it's as though we were truly among them

понíвечений цвіт

понíвечений цвіт
ні в чому неповинний
нерозповитий в вічності твоїй

з якого дерева зривати буде вітер
плоди, якщо вогонь попалить квіти,
і згине світ у зав'язі надій

я пробувала вгору говорити
слова важкі — вертаються назад
тут був наш сад. нехай не райський сад,

але у ньому жебоніли діти,
пташки шугали в віття і блакить
іще не знала, що аж так болить

що може ще стократ сильніш боліти

довершеності коло золоте,
невже тобі так байдуже до цвіту?
невже в природі можна замінити
людське створіння іншим?

хоч просте,
та неповторне, все бажає жити

я розкидаю вістюки на вітер
в надії, що хоч вітер проросте

mangled blossom

mangled blossom
guilty of nothing
unswaddled in your eternity

from which tree will the wind blow
the fruits, if the fire burns the flowers down,
and the world goes out, a bud of hope

i tried to speak up
hard words, they come back to where they started
here was our garden. maybe not the garden of Eden,

but children babbled here,
birds fluttered to the branches and blue sky
i had yet to learn how much it hurts

that it could hurt a hundred times more

golden circle of perfection,
do you really care so little about flowers?
can nature replace
humankind with another creation?

however simple
and unique, everything longs to live

i throw the chaff to the wind
in hopes that at least the wind may sprout

постправда

чим ти запам'ятаєшся їм цього пришестя?
які атрибути доведеться застосувати,
щоб заіснувати в їхній уяві? в їхніх писаннях?
якою дорогою виходити на Оливну гору, навіщо
якщо ніде не уникнути камер. супутники стежать
іди за мною невідступно, підозрілий подорожній
викрикуй чужі імена, якісь незрозумілі інвективи,
не давай мені зупинятися ні на хвилину,
жени мене до людей, бо тільки з іншими ми в безпеці
мала отаро заблуканих, тільки так ми в безпеці,
пильнуючи один за одним, назираючи, дбаєм
про ближнього свого, щоб не пішов власним шляхом,
щоб не зайшов занадто далеко, не спокусився,
не збочив. таких не візьмеш голими руками,
навіть рукавицями із людської шкіри,
навіть вирваним із грудей серцем таких не візьмеш,
дешеві ефекти. горловим співом,
якнайчорнішим блюзом, зависоким звуком,
частотою, на якій мозок більше не витримує.
випромінюванням, при якому тіло випаровується,
залишаючи темні плями. болем.
все вже було, ніхто не повірить
тікай від мене, дівчинко нажахана, безпритульна, нічия
ким би я тобі не здавалася — матір'ю, домом,
людською подобою — все це омана.
я не доганяю, стою — і не доганяю, де тут вихід
дай знак, як прийдеш,
дай знати, коли здійму свою руку на тебе
що це ти, дай знати

post-truth

how will you be remembered after this coming?
which attributes will be applied,
to take root in their imagination? in their writings?
which road will lead to the Mount of Olives, and why bother
if there's nowhere to hide from the cameras. the satellites are watching,
follow hard on my heels, wary traveler
shout out strange names, some indecipherable invectives,
don't let me stop even for a minute,
guide me to the people, because safety in numbers
a little flock of vagrants, that's the only way we're safe
watching out for each other, keeping an eye, caring
for one's neighbor, so he doesn't go his own way.
so he doesn't stray too far, isn't tempted,
doesn't err. you can't catch them with bare hands,
or even with gloves made from human skin,
or even with a heart torn from the chest, you still won't catch them,
with cheap tricks, throat singing
the blackest blues, the shrillest sound,
the resonance that a brain can't endure
radiation that vaporizes the body,
leaving dark patches. pain.
everything already happened, no one will believe it
run from me, terrified, homeless, abandoned girl
whatever i appear to be — mother, home,
in human form — it's all deceit.
i won't catch up, i stand here and won't catch up, where is the exit
give a sign when you arrive
let me know when i should raise my hand toward you
let me know it's you

поминальна учта

посадив мене
за такий довгий стіл,
наче дерево посадив
що коренем у землі
що пагін його
розхиляє зерно навпіл
що пагін його виривається
що пагін його кільчиться

цей, ця і ця — ніколи не проростуть,
цей, ця і ця — ніколи не заколоситься,
ці — затиснуті в кулаці,
зціплені, запечатані, як уста,
та — буйна, густа,
залишить по собі ліс
сліз

посадив мене за стіл,
поділив навпіл
каже: вибирай,
від чого край,
а від чого не край,
дав у руки ніж,
ним їж

ним себе веди
як лілію білу до води

memorial service

he seated me at the table
at such a long table
as if planting a tree
with roots in the earth
whose shoot
split the seed in half
whose shoot breaks through the surface
whose shoot climbs

this, that and these — will never sprout,
this, that, and these will never spire,
these are in a tight fist,
clasped, sealed like lips
that one is lush, thick
leaves the forest of tears
behind

he seated me at the table,
he divided it in half
and said: choose
which side to slice
and which not to slice,
handed me a knife,
eat with this

use this to lead
like the white lilly toward the water

як лінію одну пряму
через дві довільні точки
народження смерть

земля повна вщерть

цей, ця і ця — не мають лиця,
цей, ця і ці — камінці
посадив мене за стіл,
поділив на всіх,
ось вам плач,
ось вам сміх,
ось, ламайте стебло,
щоб краще росло

тягне мене догори,
каже: говори
доки ростеш
говори

like a single straight line
through two arbitrary points
birth to death

the earth is full to the brim

this, that, and these have no face,
this, that and these are stones
he seated me at the table,
divided it between everyone,
here are tears,
here is laughter,
here, prune the stalk,
so it grows better

he pulls me up
he says: speak
as long as you're growing
speak

антрацит як цитата

була така земля
був такий довгий
період внутрішнього розпаду
до найближчого моря було рукою подати,
але рук бракувало
над вечір приходили голкошкірі у пошуках їжі,
ховалися в зарослі голонасінних. життя вирувало.
ніщо не передбачало появи людини.
у філо- та онтогенезі було глухо як в танку
ніщо не передбачало появи танка.
на найближчому гінкго якийсь археоптерикс
сичав про те, що більше ніколи не буде такого літа,
і такої фантастичної вільгості, і такого доброго моменту,
щоб уникнути всіх невблаганних процесів
псування натури, які ми уперто звемо розвоєм

колись ти викопаєш мене у пластині вугілля
і навіть не зрозумієш, про що я горю

citing anthracite

there once was a land
there was a long
period of internal decay
the nearest sea was within arm's reach,
but there weren't enough arms
echinoderms came in the evening looking for food,
they hid in a thicket of gymnosperms. life raged on.
nothing predicted the arrival of humankind.
phylo- and ontogenesis, dark as a tank
nothing predicted the arrival of the tank
some archeopteryx on the nearest ginkgo
hissed about it, that there would never be a summer like this again
such wonderful humidity, and such a perfect moment
to avoid all those relentless processes
of nature's deterioration, which we stubbornly call development

someday you'll dig me up in a slab of coal
and you won't even know what i'm burning about

сіра зона

того літа, коли в ньому знайшли осине гніздо,
і кожен, кому не лінь, тикав туди палкою і тікав,
батькова стара куртка, повішена на гвіздок
клала йому на плече свій важкий рукав —
підбадьорювала, як могла.

тої осені, коли призахідне сонце підпалило сусідський дім,
і ніхто, крім нього, не побіг гасити, куди вони всі пішли?
він зрозумів, що завалений горизонт подій
не дає йому бачити світло, але воно десь там, де розходяться шви
б'є в одну точку і б'є,

тої зими, коли в здичавілих собачих очах він перестав
виглядати людиною, забув розрізняти ніч і день, збайдужів
до усього, грівся об теплу чужу кров, така ставка
щоб вижити, природа бере гору над горою людей,
знаходив, ховав

тої весни, коли війна закінчилася, відстріляли диких тварин,
розібрали завали, деякі населені пункти перенесли
на порожні нові місця, ніхто не знав, що за один
ходить у батьковій куртці, говорить в садах до вцілілих слив,
і сливи йому відповідають

gray zone

that was the summer they found a wasp nest,
and anybody with the nerve poked a stick at it and ran,
dad's old jacket, left hanging on a nail,
lay her heavy sleeve on his shoulder
comforting him as best she could.

that fall, when the neighbor's house caught fire from the sinking sun,
when no one but him ran to put it out, where had they gone?
he realized the collapsed event horizon
keeps the light from him, but it's there somewhere, where the seams come apart
it hits one spot over and over

that winter, when even in a mad dog's eyes
he ceased to look human, forgot to tell day from night, grew indifferent
to everything, warmed himself with another's blood, the price
of survival, nature devoured mound upon mound of people,
finding them, hiding them

that spring, when the war was over, they shot the wild animals,
cleared the debris, moved towns
to new empty places, and no one knew who this guy was
walking around in dad's jacket, talking to the plums that survived in the orchards,
and the plums answered.

історія початку століття

фатальна і непослідовна, як політика непу
виставила проти тебе своє бойове каре
вхолосту, наче жорна у тридцять третім,
ходять жовна поета,
але жодного слова не давай їй – вона і так усе забере
ти пробував не вестися на всі її штучки-дрючки
ти бачив різні колінця, цими тебе не візьмеш
бо хто вона – вертихвістка, чекістка, сучка
знає, куди тебе бити, щоб найбільше боліло, авжеж
а як напочатку манило все те, що потім убило
зухвалості надлюдино, як довго встоїш на двох?
над вивершеним окопом, за пострілом скороспілим,
над простреленим тілом,
в якому таки ніколи не помирає Бог

history of the turn of the century

fatal and inconsistent as NEP
she aims her bangs at you
the poet's muscles are slack
like a millstone in '33
but don't give her a word or she'll take them all
you've tried not to let her dazzle you
you've seen these tricks, won't fall for them,
who is she, anyway — flirt, Cheka agent, bitch
she knows how to hit you where it hurts,
that what will kill you will seduce you first
audacious übermensch, how long will you stay standing?
over the hollowed trench, after a hasty gunshot,
over a bullet-marked body,
where God will never die

ми давно вже не копаємо глибоко

ми давно вже не копаємо глибоко,
тільки десь так на два пальці
не перекидаємо скиб,
щоб родючий ґрунт не вивітрювався
все в одному поколінні
отак заскородимо грабельками,
похрестимо жменею і сіємо
сіємо, відти і доти, таке, як у всіх
таке як всюди
ми давно вже не копаємо глибоко
на цьому непевному полі нашому-вашому
бо можна викопати різне небажане:
людські кості, кінські голови, невибухлі міни,
сокиру війни, кілок, де були межі
між нашим і вашим
не ходимо там
межи очі позаочі про людське око
не міряємо кроками,
не знаємо, як це,
коли уся наша земля налипає до підошов
і не дає зробити більше ні кроку

we stopped digging deep

we stopped digging deep long ago,
but only a couple fingers down
we leave the plowed earth unturned,
so the fertile soil won't blow away
altogether in one generation
so we rake the beds,
we make the sign of the cross, and sow
we sow, from here to there, just like everyone
just like everywhere
we stopped digging deep long ago
in this, our-your uncertain field
because all kinds of junk can turn up:
human bones, horse heads, unexploded mines,
a battle axe, a peg where the border was
between our side and yours
we don't go there
between the eyes out of sight about an eye
we don't measure it in steps,
we don't know
when all our land sticks to our soles
and doesn't let us take another step

евакуація

у сні, який заплутує сліди, зимовий заєць
тривожний звук висить в повітрі як собачий гавкіт
так двері із будинку відчиняєш
на висоті, немов із літака... хапаєш ротом холод
летіти вниз – це падати? чи можна
обставини змінити, переграти? життя прожити –
поле перейти засніжене... жене мене все далі
непевність сну, якийсь розмитий здогад:
то хто із нас тоді не повернувсь?
із виїзду у сіру-сіру зону,
на клунках діти, їх матері тримають
за імена тривожні і гортанні, як за рукав
та хтось щоразу губиться і рветься
жіночий крик і котиться луною
я бачила обличчя – що від снігу біліші... паперові,
мішені мов на стрільбищі...
на відстані, безпечній наче лезо,
що тне мене і тне
розсипалися полем діти діти
біжать, у кожному – маленький заєць страху
і серця барабанний дріб...
в снігах буває, як сховаєшся, то тепло,
усе залежить від товщини нанесеного зверху.
цей сон як сніг... його очима дивишся донизу
на маківки голів їжакуваті. на хаотичні заячі сліди
на білому. на плутані розмови,
на випадкові очі випадкові прозріння,
мов спалахи вогню...

ніхто із нас тоді не повернувся, із того сну

evacuation

in a dream, where a winter rabbit tangles its tracks
an alarming sound hangs in the air like a barking dog
the way you open the door to leave the house
from high up, as if from an airplane... you catch the cold air with your mouth
is floating down the same as falling? can you
change the way things are, start over? living life
is like walking through a snow-filled field ... it urges me on,
the uncertainty of this dream, a vague feeling:
so who among us hasn't come back?
from the checkpoint to the gray-gray zone,
to the children on bundles, their mothers hold them close
anxiously calling them by name, as if holding them by the sleeve
and someone gets lost all the same, and a woman's scream
rings out in a rolling echo
i saw the faces — whiter than snow... than paper,
like targets on a shooting range...
at a distance harmless as a safety razor,
it strikes me and strikes
the children scattered across the field the children
run, in each lurks a scared little rabbit
and the drumbeat of a heart...
sometimes it's warm when you burrow in the snow,
it all depends how deep it's piled on top.
this dream is like snow... you look down at it
the spiky poppy-pod. the chaotic rabbit tracks
the white. the tangled conversations,
at accidental gazes accidental insights,
like flashes of fire...

but none of us came back from that dream

у моєї мови любові вибиті зуби

у моєї мови любові вибиті зуби
виплюнь, кажеш, усе це із себе, виплюнь негайно!
тепер можна вставити набагато рівніші.
із правильнішим прикусом, ніж попередні.

у моїй мови любові не лишилось живого місця,
не заходь у ці хащі, там міна на міні, суцільні розтяжки
ніколи не знаєш, що насправді тягнеться за словом,
який спогад зачепить, а який здетонує.

ми насадили цей живопліт, щоб ніхто не наражався,
навішали попереджувальних знаків, щоб уберегти інших
від смерті, замаскованої гарним пейзажем

а ти пропонуєш їх просто прибрати, щоб нічого
не псувало картинки, не чекаючи саперів,
не розчистивши цих теренів від пустих теревенів.

моя мова любові важка, як погляд батька,
непідйомна як віко на гробі його сина,
на якому тиждень пристрілювали зброю,
моя мова любові вдавилася словами, як його мати

я плекала її, доки плакала і щоб не плакати більше,
плекала. я плела її, наче маскувальну сітку,
відповідно до кольорів пори року, щоб вона когось
захистила.

my love language

my love language has broken teeth
spit, you say, spit 'em all out, spit 'em quick!
you'll get straighter ones.
with a better bite.

my love language is a wreck,
avoid this thicket, it's mine upon mine, a tangle of tripwires,
you never know what a word really means,
which memory you can touch, which will detonate.

we planted this hedge so no one would get hit,
hung caution signs to warn the others
of death disguised as a pretty view

but you just offer to remove them so nothing
ruins the picture, not waiting for the sappers,
not clearing the empty terrain of thorns.

my love language is heavy as a father's gaze,
immovable as the eyelids upon his son's coffin,
which they used all week to steady their guns,

my love language is choking on its words like his mother
i held it close when i was crying and to stop crying,
i held it close. i knotted it like a camouflage net,
color coordinated with the season, so it could
hide someone.

кажеш, не ятри. будь мудрішою. будь вище від цього.
присмири свою мову любові. вижени. вирви із себе.
посади на цій випаленій території квіти.
на цій порожній місцині всередині себе і мови

у тебе ж мало залишитися десь насіння квітів.
у тебе ж мало десь залишитися добре слово.
десь за душею, що має усе прощати

моя мова любові так розрослася,
що виривається тільки разом із язиком,
що виривається тільки разом із душею,
бездушна

you say don't get mad. be wiser. take the high road.
tame your love language. push it out. purge yourself of it.
plant a flower in this scorched land.

in this empty place in the language and in you
you must have saved a few flower seeds.
you must have saved a kind word someplace.

someplace in your soul, that will forgive everything
my love language has grown so big
that my tongue comes out with it,
and my soul come out
with this soulless language.

особиста втрата

прости мені, як я собі простив,
почастував, неначе причастив
ти пригубила, мов цілуєш в губи

ти в цьому списку першою була
на виліт, наче рана. два крила,
скривавлені від "любить" і "не любить"

я знав, що ти зі мною не злетиш,
ні в гамір дня, ні в ночі тишу з тиш,
ні з вітром, що шмагає батогами

хіба що біль і відчай, дика злість
тобі за краєм прірви розповість
що є політ в падінні, орігамі

журавлика, розмоклого від злив,
я винен, наче сам тебе зробив
і випустив, як випускають пару

із рота, здобуваючись на крик,
як розпускають руки і язик,
як марно ждуть у відповідь удару

personal loss

forgive me as i've forgiven myself
i partook, as if receiving communion,
you puckered up, as if for a kiss on the lips

you were first on the list
on the way out, like an exit wound. two wings,
bloody from "loves" and "dislikes"

i knew you wouldn't fly away with me,
neither in the daily bustle, nor in the nighttime quiet of quiets,
nor in the whipping of the wind

unless the pain and despair, the wild anger
announce from the edge of the abyss
that there's flight in falling, origami

crane, damp from the rain,
i'm guilty as if i'd personally created you
and released you, like steam

from my mouth, struggling to scream,
as hands and tongues loosen,
as they wait for the counterblow in vain

у домі цьому

у домі цьому
ще тепле тіло вірша
висить на цвяшку буденності
зачеплене за живе
як докір, як доказ,
що я тут була
і ти тут був,
і між нами було щось
нестримне, як подих
непевне, як цілунок
неважливе нікому, крім нас

люблю в тобі можливість,
якою ми не скористалися,
дорогу, якою могли піти,
але не пішли,
вибір, якого не зробили,
щоб отримати все відразу
замість чогось одного
захланні

часом вірш стає домом,
який зводиш за краєм прірви,
виключно з потреби
спростувати реальність

in this house

in this house
the body of a poem, still warm,
hangs on the nail of the mundane
touched to its core
like a reproach, like proof,
that i was here
and you were here
and there was something between us
irresistible as breathing
uncertain as a kiss
unimportant to anyone but us

i love in you the possibility,
which we haven't used up,
the road, which we could have walked,
but didn't,
the choice, which we didn't make,
wanting it all at once
instead of a little bit
at a time

sometimes a poem turns into a house,
that you build at the edge of an abyss,
entirely out of a need
to overcome reality

вона перепробувала це з вами всіма

вона перепробувала це з вами всіма
але ніхто по правді не знав як треба
добра самарянка — поганий приклад
слова до неї тепер приходять просто так,
як Ісус біля криниці, просять напитися

дивують, заскакують,
показуються інший спосіб бути

в білих стінах її оселі хтось чистив гранат
ось криваві бризки, ось патьоки від крапель,
нагадування про гріх

поділися зі мною усім своїм і я розповім тобі, як
дай мені напитися — і я скажу тобі як
перестати
добра самарянка — поганий приклад
приходить до криниці наодинці, спрагла
з дірявим глеком, з бездонним глеком,
зачерпує, проливає

приходять до мене слова просто так, без нагоди,
кажуть – ми тобі нічого не заподіємо, дай себе всю
чистять гранат на білі одежі моєї – кривавлять,
нічого чистого не залишається

де ти, жінко, була?
у цьому світі, непевному, зрадливому, брудному,

she tried it with all of you

she tried it with all of you
but nobody could really do it right
the good Samaritan's a bad example
now words just come to her,
the way they came to Jesus at the well, asking to be quenched

words amaze her, surprise her
revealing another way of being

between her white walls somebody's peeling a pomegranate
these are the bloody squirts, these are the streaks from the drops,
a remembrance of sin

share with me all that's yours and i'll tell you how
let me drink and i'll tell you how
to stop
the good Samaritan is a bad example
she comes to the well alone, thirsty
with a leaky jug, with a bottomless jug,
scoops, spills

now words just come to me, for no reason,
saying "we won't do anything to you, give us all you have"
they clean the pomegranate on my white clothes, they bleed,
nothing pure remains

where were you, woman?
in this uncertain, treacherous, dirty world,

віддавалася кожному враженню, кожному болю,
не могла сказати "ні", зімкнути уст, стати супроти

добра самарянка — поганий приклад
приходять до мене. просять відвернутися, доки
чинитимуть лихе, викришуватимуть гранатові зерна,
сіятимуть кров
жінко, коли ти не в силах вдарити у відповідь,
б'є джерело
б'є і б'є

you indulged every impression, every pain,
you couldn't say "no," close your mouth, protest

the good Samaritan is a bad example
they come to me. they ask me to turn away while they
do evil, gnaw on pomegranate seeds,
sow blood
woman, when you no longer have the strength to fight back
the spring will pump
pump and pump

brainwashing machine

сусіди
купили собі машину, яка пере переконання.
закинули у барабан круглу голову з вухами,
ввімкнули — вона собі крутиться, обертається
оберштандартфюрер, генерал старої гвардії,
ястребок, третій із розстрільної трійки,
вигулює свого пса, віддає команди чітким голосом,
ніби пострілює кілька міліметрів над головами
ніхто не вижив, ніхто не дожив, нікому свідчити,
усі молодші поважають силу і виправку,
телевізор на повну гучність глушить усі голоси
навіть голос самозбереження
історія вперто б'є в одну точку,
кілька міліметрів над головою,
а потім — в потилицю

brainwashing machine

the neighbors
bought a machine that will clean your convictions.
they threw in a round head with ears,
turned it on — the drum spins over and over
the oberstandartenführer, old guard general,
hawk, third in the NKVD troika
walks his dog, gives orders in a clear voice,
as if shooting a few millimeters above the head
no one survived, no one lived, no one to testify,
all the lower ranks respect strength and discipline,
the TV at full blast drowns out all the voices
even the voice of self preservation
history stubbornly hits one mark,
a few millimeters above the head,
and then right in the occipital

мітоз

коло замкнулося

сидить і
пиляє під собою
тупикову гілку еволюції

бо не розуміє
бо може

колись планета очиститься
і почнемо нарешті знову
ділитися

як клітини розумні

mitosis

the circle is closed

he sits there sawing out from under himself
that dead-end branch of evolution

because he doesn't understand
because he can

someday the planet will be cleansed
and we'll finally start
dividing again

like intelligent cells

ПТСР

чужий, як куля в тілі
сидить, курить, не дивиться
не запитує, коли повернешся
дорога від дому прострілюється
дорога додому — взагалі не існує
виснував собі неможливість відступу,
захисну павутину
обґрунтував, довів до самого серця
як голку, а вона-соснова,
пахне домом, нагадує
вихід із цього світу, виявляється,
ще вужчий, як вхід

міг би сказати: ходи сюди, жінко,
нікуди тебе не відпущу,
двоє — це достатньо для початку світу

міг би сказати, ходімо, жінко,
будемо прориватися разом

каже, іди собі, жінко, доки тиша
у мені не лишилося нічого живого,
крім тебе

PTSD

a stranger, like a bullet in the body
sits, smoking, doesn't look
doesn't ask when you'll be back
the road from home is under fire
the road home doesn't exist at all
he believed retreat was impossible
prepared this protective web
brought it straight to the heart
like a needle, but it was a pine-needle,
that smelled like home
the exit from this world seemed
even narrower than the entrance

he could have said: come here, woman
i won't let you go,
two are enough to start a world

he could have said, let's go, woman
we'll make it through together

he says, go away, woman, so long as there's silence
there's nothing living left in me
but you

момент істини

минулого — нема. майбутнього — нема.
є наслідки причин. є послідовність значень.
є площина, в якій квадратний корінь зла
росте і все довкруг дискримінує наче.
є рівність, при якій із протиставних двох
життя рівняє до нуля найкраще
є точка на нулі, де сходить дощ, як бог,
на пересохлі губи. натще.
є градус, що п'янить. є тисячні, що ціль.
запрілий окуляр, затерпле передпліччя.
є світло, при якім не відкидаєш тінь.
є куля, що летить у тебе вічність

moment of truth

there's no past. there's no future.
there are effects of causes. there's a sequence of functions.
there's a plane where the square root of evil
grows as if to differentiate the whole curve.
there's an equality whereby life
brings two opposites to zero at best
there's a point at zero, where rain falls, like a god,
on parched lips. on an empty stomach.
there's an angle that intoxicates. a thousandth that's the main point.
a fogged pince-nez, numb forearm.
there's a light where you can't cast a shadow.
there's a bullet flying eternally toward you

в метафорі складній

в метафорі складній, немов швейцарський ніж,
зламався коркотяг, і пилочка ступіла,
вернися до основ і по-простому вріж,
коли слова стоять над розпростертим тілом

ці образ̀и образ, ці вартові півкварт,
дискусії, в яких забулося до чого:
хтось заступив межу, хтось перевів на жарт,
хтось озирнувсь назад — а там за ним нікого

риторико реторт, котра з твоїх фігур
спроможна довести, що слово воскрешає
стоять такі усі розгублені довкруг
людини, що конає

in a metaphor that folds

in a metaphor that folds, like a swiss army knife,
the corkscrew broke, the file got dull,
go back to the basics and cut in,
when words stand above an outstretched body

these are images of insults, guards of the eighth note
arguments, where both sides forgot the point:
someone crossed the line, someone turned it into a joke,
someone looked back — but there was nobody behind him

a rhetorical retort, which of your figures of speech
proves a word can resurrect
they're standing there helpless, surrounding
a person who is dying

день вишиванки

ми впізнавали своїх тільки по вишиттю, —
розповідала мені сусідська бабця
про розстріляних у сорок шостому

"більше по нічому не можна було
їх розпізнати, суцільна рана.
кожна пам'ятала своє вишиття."

хай ніколи нікому з нас не доведеться
розпізнавати своїх тільки по вишитті,
подумала я тоді

навіть якщо нас так багато,
подумала я тепер

vyshyvanka day

we identified our own only by the embroidery,
the old woman next door told me
of those shot in '46

there was no other way to identify them,
just one big wound,
each recognized her own stitching

may none of us ever have to
identify our kindred only by the embroidery,
i thought then

not even if there are that many of us
i thought now

стільки дозрілої злості

стільки дозрілої злості, що нею
можна начиняти розривні кулі
і стріляти самими очима,
зносячи голову з пліч

тільки яку саме голову треба знести,
щоб зупинити цього багатоликого монстра
зі слизькими іклами, що хапає і пожирає,
і не вдавиться, гадина

стільки злютованої люті — відповісти за кожного
але куля, підлітаючи впритул, зависає на рівні очей,
придивляється, чекає якогось знаку,
що це саме та голова, без якої все виправиться

вагається, ніби не з того металу її вилито, як дитину
разом із купіллю, виплеснуто безрезультатно,
надаремно розтрачено, не в ті очі,
цим все одно

чи поезія може бути доказом
готовності вбити, нездатності змиритися
неможливості прийняти умови поразки
не визнавати — вони нас зробили?

грона гніву наливаються соком,
бубнявіють у пальцях, темніють,
скоро вже ніщо не зможе втримати їх
в умі, в уяві, в тому, хто почне першим

there's so much ripe anger

there's so much ripe anger
you can make it into bullets
shoot them from your eyes
take a head right off its shoulders

but which head should you sever,
to stop this many-headed monster,
with viscous fangs, it grabs and devours,
can't get its fill, the reptile

so much angry rage — vengeance for everyone
but the bullet, flying so close, freezes at eye level,
looks around, waits for a sign
that this is the right head, that severing it will fix everything

it hesitates, as if cast from the wrong metal, like a baby
thrown out in vain with the bathwater
wastefully misfired at eyes
that could care less

can poetry be proof
of the readiness to kill, the refusal to resign oneself
the impossibility of accepting terms of defeat,
of admitting they conquered us?

the grapes of wrath are growing heavy for the vintage,
swelling in our fingers, darkening
soon nothing will keep them
in our head, in our imagination, who goes first

зло любить, коли пам'ять людська коротка

зло любить, коли пам'ять людська коротка
любить, коли ховають у своєму саду, поночі,
щоб нікого не турбувати своєю втратою,
щоб нікому не нагадувати, не витикати,
не спричиняти незручностей

щоб твоя втрата нікого не зачепила,
із тих, що ходили поряд і вижили,
щоб не нагадувала їм, чого коштувало вижити,
щоб не пускала в них коріння сумніву,
щоб не затьмарювала щастя тут і зараз,
щоб нічого в них не відібрала,
щоб нікого з них не торкалася

а вони ходять і торкаються, наші втрати
нашими рисами нагадують,
нашими безмовними мертвими нагадують:
ось у цьому місці, дитино, копай,
у цьому глухому місці,
яке не дає інших плодів,
крім гіркоти

evil loves when human memory's short

evil loves when human memory's short
loves when they're buried in their garden at night,
so nobody's bothered by their loss,
so nobody's reminded, so they don't stick out
so nobody's inconvenienced

so your loss doesn't irritate
some passerby who stayed alive
so it doesn't remind them what it costs to survive
so it doesn't cause doubt to take root,
so it casts no shadow on joy in the moment,
so it doesn't rob them of anything,
so it doesn't touch any of them

but they walk around and touch, and their
features remind us of our loss,
remind us of our speechless dead:
here, in this place, my child, dig,
in this godforsaken place
which bears no fruit,
but bitterness

непокаране зло повертається злішим

непокаране зло повертається злішим
важко повірити, що це відбувається з нами
в реальному часі. вдруге, втретє, вдесяте.
що ти хочеш виплавити із нас, Боже,
якої проби? що ти хочеш вивести із нас,
ніби з дому неволі, який новий вид?
яку сакральну жертву?
знаю, людина схильна помилятися,
хилитися перед сильними цього світу,
зневірюватися, опиратися зневірі,
коритися долі, докоряти тобі, Боже,
стояти на своєму, протистояти усьому світу,
жити заради себе, помирати заради інших,
але ж Боже, невже було замало?
невже треба більше?
твоє "не убий" малює нам на грудях мішені

unpunished evil returns the more evil

unpunished evil returns the more evil
hard to believe, this is happening to us
in real time. a second time, a third, a tenth.
what do you want to smelt from us, God,
what metal? what will you salvage from us,
as if from a house of bondage, what new species?
what holy sacrifice?
i know, a human tends to err,
bow before the mighty of this world,
despair, fight despair,
give in to fate, rebuke you, God,
stand strong, stand up to the whole world,
live for ourselves, die for others,
but God, wasn't that enough?
did you need more?
your "thou shalt not kill" paints targets on our chests

щось таке у повітрі стоїть

щось таке у повітрі стоїть,
що краще би впало уже
всі уперто чекають курчат
із яєць фаберже
кінь троянський ірже

something's hanging in the air

something's hanging in the air
that would be better off falling
everyone's stubbornly waiting
for the Fabergé eggs to hatch
the Trojan horse is chortling

на споді сподівань

на споді сподівань, на вістрі віри
що все не так безглуздо, як здається
на перший погляд, доки серце б'ється,
людина виганяє з себе звіра

на ясні зорі і на чисті води
хай бігає, розкрилений як подив,
не зв'язаний умовностями мов,
не привчений зручним для інших бути
чутливий до капканів і отрути,
вітальний, як листівка з небуття,

бо все пішло якось не тим макаром
бо конвоїри – стєчкін і макаров
бо утікати можна тільки в смерть

людина, що втекла б за звіром радо,
вичавлює раба, мов винограду
синці суцвіть, криваві кісточки

а вичавивши, бродить, ферментує,
хоч знає, що ніколи не скуштує,
бо це вино ще зрітиме віки

at the bottom of hope

at the bottom of hope, at the edge of faith
that nothing is as stupid as it seems
at first glance, so long as the heart keeps beating,
the human will expel the beast from within

toward bright horizons and clear waters
let it run, spreading its wings in wonder
no longer bound by linguistic conventions
unskilled in making others comfortable
conscious of traps and poisons,
cordial, like a postcard from nonbeing,

because everything went wrong somehow
because its wardens are the Stech and the Makarov
because the only escape is death

the human who'd gladly run off with the beast,
will crush this slave like a bunch of grapes
squeezing the seeds from the bloody pulp

and, once crushed, it's distilled and fermented,
though he knows he'll never taste it,
for this wine will take ages to mature.

війна

права півкуля не бачить дерев за лісом
ліва півкуля не бачить лісу за деревами
правою і лівою, правою і лівою

людина іде лісом, як луна,
думками шпортається, губиться

якась куля рухається зі своєю швидкістю
своєю траєкторією, випущена на волю
у правій чи лівій півкулі. чиїйсь. земній.

людина виходить з-за дерева,
виводить свої висновки із вище сказаного
розуміє, що в будь-який момент може щось прилетіти

але чим більше дерев — тим більше шансів,
ліс заспокоює, рятуйся лісом.

все, що знаєш про світ — часткове, неповне,
розрізнене, недостовірне, спростовне,

і вже нічого не виправиш

war

the right hemisphere can't see the trees for the forest
the left hemisphere can't see the forest for the trees
right and left, right and left

a human walks in the woods like an echo,
lost in thought, distracted

some bullet moves with its own velocity
its own trajectory, let loose
in a right or a left hemisphere. somebody's. the earth's.

a human appears from behind a tree
draws conclusions from on high
knows that any moment something might hit

but the more trees, the more chances,
a wood consoles, save yourself with the woods.

all that you know of this world is partial, incomplete,
it's scattered, unreliable, falsifiable,

and there's nothing you can fix

це зала для заламування рук

це зала для заламування рук
тут при стіні осядеш ти на брук
під тягарем важкої звістки звідти
а при тобі розхристана луна:
у наслідках цих кожен винен, на-
віть ти, та як було не відпусти —
ти відпустила, ти за все в отвіті

і ти зайдеш у голосу піке,
і в точці, звідки видно щось таке,
чого не видно всім їм поокремо,
тобі промовить почужілий син:
ти мій початок, але я твій чин,
а значить — не даремно...

this is a hand-wringing hall

this is a hand-wringing hall
you'll sit here, on the cobblestones by the wall
under the burden of the news
and around you, the wild echo:
we're each to blame for this,
even you, you didn't have to let go
but let go, so you're responsible

and your wail will reach its high-pitched pique,
and something will become visible
that nobody's seen on their own before,
the prodigal son begins to speak:
you're my beginning, but i am your deed
meaning, this wasn't in vain...

на лінії вогню

на лінії вогню
вибрано довільний відрізок часу
позначено якимись невідомими,
скажімо X, скажімо, Y,
які десь там, неподалік, теж у секреті
по який бік вони? по який бік ти?
все залежить від осі координат,
все залежить від вектора,
від напрямку, куди рухатися:
від цього куща, скажімо, на схід,
чи від цього дерева, наприклад, на захід
змоклий і змерзлий, спраглий людського тепла,
дивишся у тепловізор і розумієш,
який ти насправді самотній у цьому світі,
людному і знелюдненому водночас

in the line of fire

in the line of fire
take an arbitrary interval
marked by some unknowns,
let this be X, let this be Y,
which exist somewhere, nearby, also hidden
what side are they on? what side are you on?
it all depends on the coordinate axes,
it all depends on the vector,
on the direction it's moving,
from this bush, let's say, to the east,
or from this tree, for example, to the west,
wet and frozen, thirsty for human warmth,
you look at a thermal imager and understand,
how lonely you truly are in this world,
populated and depopulated at the same time

живиця

якогось дня закінчиться війна
і ми усі нарешті заживемо
(о як ми всі нарешті заживемо!)
затягнемось як рани, відростемо
як культі ніг і рук, як та очна
порожня яма, де навіки темно.
покличемо загиблих. поіменно.
і всі прийдуть. і будуть так дивиться,
аж стигнутиме кров, немов живиця...
а поки що тримайся за живе
коріння глоду (глід лікує серце),
бо тільки серце уміщає все це,
а розум — відмовляється й не йме...

resin

someday the war will end
and we'll all revive at last
(oh how we'll revive!)
we'll heal like wounds, we'll grow back
like leg and arm stumps, like an eye's
empty socket, where it's dark forever.
we'll call the dead. each name.
and they'll all come. and how they'll stare,
until the blood coagulates like resin...
but for now, hold on for dear life
to the hawthorn roots (hawthorn cures the heart),
because only the heart holds all of this,
and the mind refuses to grasp...

фантомний біль

як кровоспинне, щось його спиняє
над прірвою у житі,
хоч в житті
нічого справедливого немає
і так він їм дошкульно шкутильгає
на задньому дворі лікарні без
кінцівки, мов кінцівки й не буває
інакшої, це поле без чудес,
яке від крові — навіть ніде стати
ногою, що не тямить, що відтята,
занесена в нудний війни реєстр,
де руки, ноги, очі, лиця, трупи,
відторгнутий, як кров не тої групи
(бо група вся розкидана в житах)
він їх збирає, лиш зімкне повіки…
жінки приносять їжу, одяг, ліки
й за звичкою, сідають у ногах

phantom pain

like a hemostatic, it holds him back
over the abyss in the rye,
at least alive,
nothing is fair
and so he annoys them limping
in the hospital yard missing
a limb, as if he didn't need one
anyway, this is a field without wonders,
so bloody there's no place to step
with this leg, that doesn't even know it's missing
that it's listed in the dull death toll,
along with the other hands, feet, eyes, faces, corpses,
rejected, like the wrong blood type
(because that type's already scattered in the rye)
when he closes his eyes he catches them all…
women bring him food, clothing, medicine,
and out of habit, they sit at his feet

мама

хтось стоїть між тобою і смертю, але, хтозна,
наскільки ще її стане — серце
опиняєшся в місці і часі, де так важливо
щоб хтось за тебе молився
хоча б подумки, хоча б своїми словами,
не складаючи руки в молитві
відриваючи хвостики полуниці, тільки-но з грядки,
згадуючи, як сварила тебе малого,
що товчешся по ягодах, не даєш їм дозріти

шепоче: смерте, він ще не дозрів, він такий ще зелений,
у його житті не було ще нічого
солодшого за ту нехитру немиту полуницю
благає: не клади його, Боже, скраю,
не сип його градом, Боже,
я ж навіть не знаю, як той град виглядає, сину,
я ж навіть не можу собі тої війни уявити!..

mama

somebody's standing between you and death, but who knows how much
longer her heart can stand it
in this place and time it's important
that someone pray for you
at least in their head, at least in their own words,
without folding their hands in prayer
plucking strawberries from their stems, fresh from the garden,
remembering how she scolded you when you were small
for berry-picking early, not letting them ripen

she whispers: death, he isn't ripe yet, he's still so green,
nothing in his life has been
sweeter than that honest unwashed strawberry
she begs: God, don't put him on the edge,
don't deploy your grad rockets over him, God,
i have yet to glimpse this grad launcher, my son,
i have yet to envision this war!...

почуття провини

та, що тебе виносила на своєму плечі
так, як виносить море все, що впаде за борт
та, що тебе приводила в себе якось вночі,
дихаючи за тебе методом рот у рот
та, що її назвати бракне жіночих імен
та, що її кохати мужності не вистача
карму твою латала, танцюючи як Кармен —
нетля на голці музики, пучка духу, дівча
під чорним її піднебінням, за гострим її язиком
макова квітка рани, облетіла дочасно
той, що дає нам тіло (зви його — м'ясником)
грає тобі на нервах оманливу фугу щастя
ловить на соломину (каже що рятівну),
ламає тебе на сотні безнадійних уламків
і доки ти спиш як мертвий — він списує на війну
всіх тих, що вона не винесла
з-під обстрілів, мін і танків

sense of guilt

she who carried you off on her shoulder
the way the sea carries everything off that falls overboard
she who revived you one night
breathing for you, mouth-to-mouth
you don't know what to call her for lack of female names
hard to find the courage to love her
she mended your karma, dancing like Carmen —
moth on a record player, sign of the cross, girl
beneath her dark palate, behind her sharp tongue
is a poppy flower wound, she flew around too soon
he, who gives us a body (call him the butcher)
plays a fake fugue of happiness on your nerves
grasps at straws (he claims he's rescuing you),
breaks you into hundreds of hopeless fragments
and while you sleep like the dead — he blames the war
for all those she couldn't carry
out from under the shelling, the mines, the tanks

носимося зі своїми мертвими як діти

носимося зі своїми мертвими як діти
поскладали їх на майдані обступили колом
на морозі, на снігу, розгублені
ніби ніхто з нас досі не знав,
що померти так просто
кожен все ще надіється, що полежать і встануть
бо що казати їхнім мамам? що казати їхнім дітям?
хто їм скаже про найгірше?
людина біжить назустріч кулі
із дерев'яним щитом із гарячим серцем
із головою в лижному шоломі повному крові
мамо, я в шапці, – кричить у мертву трубку
мамо, у нього надто тонка шапка, сичить куля

we act like children with our dead

we act like children with our dead
we place them together on the maidan and encircle them
in the cold, in the snow, confused,
as if none of us knew until now
how easy it is to die
everyone still hopes they'll lie there for a while and rise again
because what do we tell their mothers?
who will tell them the worst?
a person runs toward a bullet
with a wooden shield and a warm heart
head in a blood-filled ski helmet
shouting, "mama, i'm wearing a hat," into the dead receiver
"mama, his hat's too thin," the bullet hisses

такий довгий, як юрський

такий довгий, як юрський,
період внутрішнього мовлення
така насторожена, як усмішка аутиста, весна
дівчинка на майданчику не може більше відсуватися —
колода закінчується,
колода у власному оці закінчується,
а порошинка з чужого ніяк не випливе
тільки кача по Тисині... пливе проти течії...
дай, Боже, йому сил проти течії

long as the Jurassic period

long as the Jurassic
period, this inner dialogue
wary as an autistic smile, the spring
the girl on the playground can't back away any more
it's the end of the balance beam
it's the end of the beam in her own eye
but the speck in the other's eye is still there
only the duckling on the Tysyna... floats against the current...
God, give it the strength to fight the current

усі ми, Європо, так глибо́ко стурбовані

18 лютого 2014 року

усі ми, Європо, так глибо́ко стурбовані, що деякі навіть убиті.
Чисть частіше Ютуби, щоб тутешня жорстокість не разила твоїх
       громадян.
деякі з наших ніколи тебе не побачать на власні очі.
в тебе теж щось із зором, Європо, ти вперто не бачиш
вибитих їхніх очей і вогнепальних ран.
деякі більше не зможуть, Європо, не гнівайся,
навіть руки тобі дати (хіба що протези!),
навіть торкнутися спадку культури твоєї минулих віків.
сторожи свої межі, Європо, щоб тебе не торкнулося раптом,
прислухайся, на всякий пожежний, чи ми кричимо ще
від ударів прикладів, армійських чобіт і кийків.
діти наші виростуть злими, Європо, не йнятимуть віри
істеричним й слізливим новинам твоїм про бездомних тварин.
ти їм вибач, Європо, ти їм не дивуйся, ми всі тут як звірі —
нас відстрілюють, наче скажених, патронами для вовків.
шо ти, Європо, робила тим часом — звіряла пропалих і мертвих? мила
руки? чекала підтверджень? ховалась як річ-у-собі?
миру — мир, муру — мур, тільки гроші не пахнуть.
і жертви не вартують на захист, якщо вони не голуби?

Europe, we're all so deeply concerned

February 18, 2014

Europe, we're all so deeply concerned, it's even killed some of us.
filter YouTube more often, so our local brutality won't shock your citizens.
some of us will never see you in person.
there's something wrong with your vision too, Europe, you're too
        stubborn to see
their gouged out eyes and gunshot wounds.
some won't even manage, Europe, don't get mad,
to extend a hand (unless it's a prosthetic!).
or touch the cultural treasures of your past.
guard your borders, Europe, so it doesn't touch you,
listen closely, just in case, are we still shouting
from the blows of rifle butts, the army boots or the batons.
our kids will grow up mean, Europe, they won't believe
your hysterical, tear-filled news about animals.
forgive them, Europe, don't be shocked, we're all animals here —
shot like mad dogs, with ammo for a wolf hunt.
where were you, Europe? searching for the missing and the dead?
did you wash your hands? wait for confirmation? hide like the
        thing-in-itself?
peace on earth, wall to wall, only money doesn't smell.
and victims aren't worth saving unless they're doves?

сниться мені бомбосховище

сниться мені бомбосховище на околиці пам'яті,
останнє вціліле зі шкільних уроків воєнки
– більше війни не буде, – казала нам вчителька,
але кожен із вас, діти, мусить затямити:
у разі ядерного вибуху,
застосування зброї масового враження
чи іншого казусу
слід спускатися в бомбосховище, уникаючи паніки,
брати лише необхідне, нічого зайвого:
теплі речі, якби війна затягнулась до холоду –
в бомбосховищі, знаєте, діти, не вмикають опалення
– а хіба там і без того не буде гаряче? –
                кидав хтось із задньої парти дотепну репліку
– а тебе, Гриновець, взагалі не відомо чи пустять ще,
всім не вистачить місця, запаси води та харчів обмежені...
вже знаю: при тому армагедоні не вдасться уникнути паніки
скількох буде затоптано при вході до останнього бомбосховища?
не уявляю, як Ти, Боже, робитимеш вибірку –
кожен десятитисячний? кожен мільйонний? а похибка?
вірю, що обійдеться без дискримінації
за статтю, расою, віросповіданням. хочеться вірити...
скільки ковтків повітря кожному з них вистачить,
доки вони чекатимуть свого deus ex machina...
– кожен клас, – казала нам вчителька, – тримається свого старшого,
і ще раз повторюю – не ганяти в проходах між нарами,
мати при собі в нагрудній кишені бірочку з іменем,

i dream about a bomb shelter

i dream about a bomb shelter on memory's margins,
the last one standing from those grade school war drills
– there will never be another war – said the teacher,
but children, turn out the lights:
in the event of a nuclear blast,
detonated weapon of mass destruction
or some other incident
you should go down to the bomb shelter without panicking,
take only the essentials, nothing extra:
warm things, in case war goes till winter –
kids, you know they don't turn on the heating in bomb shelters
– but won't it be hot there anyway? –
        a snide remark hurled from the back row
– Hrynovets, it's still unclear they'll even let you in,
not everyone will fit, there are limited water and food supplies…
i already know: there's no avoiding panic in Armageddon.
how many will be trampled on their way down to the shelter?
i can't imagine, God, how You will choose —
every ten thousandth? Every millionth? And what margin of error?
i believe there will be no discrimination
by gender, race, creed. i want to believe this…
how many breaths of air for each
while they wait for their deus ex machina…
– each class – said the teacher – must follow its leader,
and mind you – no running in the paths between bunks,
carry a card with your name in your breast pocket,

написану каліграфічним, а не таким, як у тебе, Федечко, почерком...
навіщо? – дивуюся досі. напевно, для того, щоб ангели,
які виноситимуть душі (бо ніхто ж насправді не виживе)
щоб ангели в білих одежах з червоним хрестом і півмісяцем
щоб ангели знали, як до тебе, малий, звертатися...

in cursive, not printed like yours, Fedechko...
why not? – this still puzzles me. maybe so the angels
who carry souls away (because no one will really survive)
so the angels in white clothes with the red cross and crescent
so the angels know, little one, how to address you...

сказати собі чесно

сказати собі чесно, якомога чесніше, так ніби уже немає чого втрачати:
ми надто довго жили, покладаючись на інших — як книжка пише, що
        люди скажуть,
ми надто звикли до цих вишитих гамівних сорочок,
до цих пишних церковно-гастрономічних обрядів,
до цих дуль у кишені, які часто видаємо за спротив.

сказати собі чітко: не вистачить сіл і містечок,щоб кожна хата скраю,
не вистачить вояків, щоб по одному виходити в поле,
не вистачить поля, навіть китайок не вистачить, навезених із Китаю.

сказати собі безжально, не ховаючись за плечі інших,
не сягаючи щоразу по славу дідів та пам'ять героїв,
як по хусточку для патріотичних сліз і соплів,
не втікаючи у тужливу пісню.

сказати собі:

я – остання буква абетки, без якої мене не буде,
я – остання територія,
я – те, чого я не можу зректися,
я – тесля колоди у власному оці
я не мушу тесати із неї хреста, якщо не хочу
я не можу віддати того, що мені не належить
я належу до цього народу, я – цей народ
я не хочу, щоб ми довіку ходили такими глухими шляхами,
отже, я починаю від себе – я розорюю межі

я – ми, я–ми, ями

be honest with yourself

be honest with yourself, honest as you can, like there's nothing left to lose:
we've leaned too long on others — so it's written, so folks say,
we're so used to embroidered straitjackets
to elaborate church feasts and rites
to flipping the bird behind our backs in defiance.

be straight with yourself: there won't be enough villages and towns left for
       us all to be peripheral
not enough soldiers to march single-file on the field
not enough fields, not enough Nankeen cloth imported from China.

be ruthless with yourself, no burying your head in the sand,
no reaching for your grandfather's glory and the memory of heroes
like you reach for a handkerchief to wipe patriotic tears and snot,
no disappearing into some sad song.

tell yourself:

i am я — last letter in the alphabet, without which there can be no me
i am the last land
i am what i can't give up
i am the carpenter of the beam in my own eye
i need not build a cross from it if i don't want
i can't give away what isn't mine
i belong to this people, i am this people
i don't want us to walk toward a dead end forever,
and so, i begin with me, break bounds

i am we. я ми, *yamy*: holes in the ground.

TRANSLATORS' ACKNOWLEDGEMENTS

As translators, we are fortunate to have worked closely with Halyna Kruk, often exchanging notes about our interpretation of her lines late into the night in either Pacific Standard or Kyiv Time. We thank the Lviv-based artist Khrystyna Valko for allowing us to use her art on the cover. And we are grateful to Askold Melnyczuk, Ezra Fox, and the entire team at Arrowsmith for bringing this book to life. We would also like to thank those colleagues and friends who read, discussed, and offered suggestions on these poems, and on the project overall: Amy Sarah Caroll, Michael Davidson, Ilya Kaminsky, Paige Lee, Margaret Litvin, Eran Mukamel, and Marci Shore.

A few of these translations have appeared in earlier publications. "We stopped digging deep," "A History of the Turn of the Century," "in a dream where a winter rabbit tangles its tracks," "my love language," and "No War" were published in the online journal LitHub.com on March 17, 2022. "No War" appeared in *Blue Will Rise Over Yellow: An International Poetry Anthology for Ukraine*, ed. John Bradley, Kallisto Gaia Press, 2023. "With each passing day of war," and "War" are included in the volume *In the Hour of War: Poetry from Ukraine*, Ed. Ilya Kaminsky and Carolyn Forché (Arrowsmith, 2023).

TRANSLATORS

Amelia M. Glaser translates primarily from Yiddish, Ukrainian, and Russian. She is Professor of Literature at UC San Diego, where she holds the Chair in Judaic Studies. She is the author of *Jews and Ukrainians in Russia's Literary Borderlands* (Northwestern U.P., 2012) and *Songs in Dark Times: Yiddish Poetry of Struggle from Scottsboro to Palestine* (Harvard UP, 2020). She is the editor of *Stories of Khmelnytsky: Literary Legacies of the 1648 Ukrainian Cossack Uprising* (Stanford U.P., 2015) and, with Steven Lee, *Comintern Aesthetics* (U. Toronto Press, 2020). She is currently writing a book about contemporary Ukrainian poetry.

Yuliya Ilchuk is Assistant Professor of Slavic Literature and Culture at Stanford University. She is the author of an award-winning book *Nikolai Gogol's Hybrid Performance* (published at University of Toronto Press, 2021) and a translator of  contemporary Ukrainian poetry. Ilchuk's most recent book project, *The Vanished: Memory, Temporality, Identity in Post-Euromaidan Ukraine*, revisits collective memory and trauma, post-memory, remembrance, memorials, and reconciliation in Ukraine.

AUTHOR

Halyna Kruk was born in 1974 in Lviv, Ukraine. She is the author of five books of poetry, a collection of short stories, and four children's books. She has garnered multiple awards for her writing, including the Ptyvitannia Zhyttia and Granoslov Prizes in 1997, the Step by Step prize for children's books in 2003, the BookForum Best Book Award in 2021, the Smoloskyp Poetry Award, the Bohdan Ihor Antonych Prize award, the "Hranoslav" Award, the Polish Gaude Polonia Fellowship, and the Kovaliv Foundation Prize for Prose in 2022. Her work has been translated into over thirty languages, and she has translated from several languages into Ukrainian. Kruk has recently collaborated on poetry/music projects with electronic musician Yurko Yefremov, and the singer Halyna Breslavets. She's served as vice president of the Ukrainian PEN, holds a Ph.D in Ukrainian literature, and is professor of European and Ukrainian baroque literature at the Ivan Franko National University in Lviv.

Books by
ARROWSMITH

PRESS

Girls by Oksana Zabuzhko

Bula Matari/Smasher of Rocks by Tom Sleigh

This Carrying Life by Maureen McLane

Cries of Animals Dying by Lawrence Ferlinghetti

Animals in Wartime by Matiop Wal

Divided Mind by George Scialabba

The Jinn by Amira El-Zein

Bergstein
edited by Askold Melnyczuk

Arrow Breaking Apart by Jason Shinder

Beyond Alchemy by Daniel Berrigan

Conscience, Consequence: Reflections on Father Daniel Berrigan
edited by Askold Melnyczuk

The Uncollected Delmore Schwartz
edited by Ben Mazer

The Light Outside by George Kovach

The Blood of San Gennaro by Scott Harney
edited by Megan Marshall

No Sign by Peter Balakian

Firebird by Kythe Heller

The Selected Poems of Oksana Zabuzhko
edited by Askold Melnyczuk

The Age of Waiting by Douglas J. Penick

Manimal Woe by Fanny Howe

Crank Shaped Notes by Thomas Sayers Ellis

The Land of Mild Light by Rafael Cadenas
edited by Nidia Hernández

The Silence of Your Name: The Afterlife of a Suicide by Alexandra Marshall

Flame in a Stable by Martin Edmunds

Mrs. Schmetterling by Robin Davidson

This Costly Season by John Okrent

Thorny by Judith Baumel

The Invisible Borders of Time: Five Female Latin American Poets
edited by Nidia Hernández

Some of You Will Know by David Rivard

The Forbidden Door: The Selected Poetry of Lasse Söderberg
tr. by Lars Gustaf Andersson & Carolyn Forché

Unrevolutionary Times by Houman Harouni

Between Fury & Peace: The Many Arts of Derek Walcott
edited by Askold Melnyczuk

The Burning World by Sherod Santos

Today is a Different War: Poetry of Lyudmyla Khersonska
tr. by Olga Livshin, Andrew Janco, Maya Chhabra, & Lev Fridman

Salvage by Richard Kearney

In the Hour of War: Poetry From Ukraine
edited by Carolyn Forché and Ilya Kaminsky

Arrowsmith is named after the late William Arrowsmith, a renowned classics scholar, literary and film critic. General editor of thirty-three volumes of *The Greek Tragedy in New Translations*, he was also a brilliant translator of Eugenio Montale, Cesare Pavese, and others. Arrowsmith, who taught for years in Boston University's University Professors Program, championed not only the classics and the finest in contemporary literature, he was also passionate about the importance of recognizing the translator's role in bringing the original work to life in a new language.

Like the arrowsmith who turns his arrows straight and true,
a wise person makes his character straight and true.

— Buddha

CPSIA information can be obtained
at www.ICGtesting.com
Printed in the USA
JSHW081823260223
38201JS00003B/172